Frank Krause
Notstopp

FSC
www.fsc.org
MIX
Papier aus ver-
antwortungsvollen
Quellen
Paper from
responsible sources
FSC® C105338

Frank Krause

Notstopp

Ein Manager mit Burn-out
steigt aus

Editorische Notiz

Dies ist ein autobiografisches Werk, das auf Erinnerungen und Tagebuchaufzeichnungen des Autors beruht. Um die Persönlichkeitsrechte der im Buch erwähnten Personen zu wahren, wurden sämtliche Namen geändert (soweit es sich nicht um Personen des öffentlichen Lebens handelt) sowie Personenbeschreibungen und Orte verfremdet.

Bibliografische Information der Deutschen Bibliothek
Die Deutsche Bibliothek verzeichnet diese Publikation in der Deutschen Nationalbibliografie; detaillierte bibliografische Angaben sind im Internet unter http://dnb.ddb.de abrufbar.

1. Auflage Juni 2012
© Frank Krause

Die Originalausgabe erschien 2010
bei Books on Demand GmbH, Norderstedt.

Umschlaggestaltung, Buchsatz und Layout: Marina Siegemund, Berlin
Umschlagmotiv: © Jan Haas / Fotolia.de
Lektorat und Publikationsberatung: Ursula Debus, www.textaction.com
Korrektorat: Ines Balcik, Florstadt
Herstellung und Verlag: Books on Demand GmbH, Norderstedt

Printed in Germany.
ISBN 978-3-84821-045-9

Inhalt

Vorwort

Warum dieses Buch? Ist nicht in den letzten Jahren eine wahre Flut von persönlichen Berichten und Ratgebern zum Thema Burn-out erschienen? Ja, das trifft zu – und doch denke ich, dass dieses Buch notwendig ist, sogar bitter notwendig. Denn bis auf wenige Ausnahmen spielt in der bisher erschienenen einschlägigen Literatur das Burn-out-Risiko von Führungskräften nur eine untergeordnete Rolle. Das ist sicher kein Zufall. Denn in den deutschen Führungsetagen waren und sind Workaholics oft der Normalfall. Sie gelten als begehrenswert und angesehen. »Schlappmachen« kommt nicht infrage. Doch das Bild des nimmermüden Siegers, der stets strahlenden Karrierefrau beginnt zu bröckeln. Miriam Meckel und Sebastian Deisler haben es als Erste gewagt, sich als Burn-out-Betroffene zu outen[1]. Ihre Erfahrungen stoßen auf großes öffentliches Interesse. Denn immer mehr Leistungsträger stellen sich spätestens dann die Sinnfrage, wenn der überforderte Körper seinen Dienst verweigert oder die Psyche in den Sog der Depression gerät. Dabei handelt es sich keineswegs um Einzelfälle, wie die Statistik zeigt.

---

1 Miriam Meckel: *Brief an mein Leben. Erfahrungen mit einem Burnout*, Rowohlt 2010; Michael Rosentritt: *Sebastian Deisler – zurück ins Leben. Die Geschichte eines Fußballspielers*, edel edition 2009.

Eine 2009 durchgeführte wissenschaftliche Studie[2] kam zu schockierenden Ergebnissen: »Zwei von drei Managern fühlen sich im Job ›ausgebrannt‹ – mit wenig Hoffnung auf Änderung. [...] 70 Prozent der Befragten leiden bereits erkennbar unter dauernder psychischer und physischer Erschöpfung. [...] Ein Drittel der Beschäftigten geht jeden Tag mehr oder weniger ausgelaugt und erschöpft nach Hause. Erholung findet, wenn überhaupt, nur noch an Wochenenden statt. 20 Prozent der Befragten haben, nach eigenen Angaben, nur noch selten oder gar keine Zeit mehr für Familie oder Freunde.« Mit anderen Worten: Erschreckend viele Führungskräfte sind Burn-out-gefährdet oder bereits davon betroffen.

Ich denke daher, dass es sinnvoll ist, über eine Erfahrung zu berichten, die derzeit zahlreichen nach außen hin höchst erfolgreichen Menschen widerfährt. In der Leistungsgesellschaft gilt dieser Erschöpfungszustand bis heute als Tabu – besonders für diejenigen, die professionelle Hilfe annehmen oder angenommen haben. Dieses Tabu möchte ich brechen. Meine Absicht ist es, in diesem Buch meine Geschichte für all diejenigen zu erzählen, die – so wie ich damals – an einem kritischen Punkt in ihrem Leben stehen und eine praktische Unterstützung suchen, mit der sie

---

2 Quelle: Pressemitteilung der Bertelsmann Stiftung und des Schweizer Instituts Sciencetransfer vom 18.08.2009, http://www.bertelsmannstiftung.de/cps/rde/xchg/bst/hs.xsl/nachrichten_97342.htm, Abruf am 07.05.2012. Unter der gleichen URL stehen die Ergebnisse der Studie »Erholungsfähigkeit und Burnout« als PDF zum kostenlosen Download zur Verfügung. Datenbasis: Die Daten der Studie wurden im ersten Halbjahr 2009 im Rahmen einer Online-Befragung erhoben, an der 740 Personen teilnahmen.

Ängste abbauen und ihren Weg der Veränderung organisieren können. Ich möchte an meinem Beispiel zeigen, dass man den Teufelskreis der Arbeitssucht unterbrechen kann und sollte. Auch wenn sich diese Erkenntnis in Deutschland nur langsam durchsetzt (anders als zum Beispiel in den skandinavischen Ländern oder den USA): Für Führungskräfte ist es möglich und sinnvoll, das Hamsterrad zeitweise zu verlassen und in Form eines Sabbaticals eine Phase der Besinnung einzulegen. Ob ein ganzes Jahr oder nur einige Monate: Eine solche Auszeit wird unglaublich viel verändern. Für Betroffene ist sie kein »Urlaub XXL«, sondern oft die letzte Rettung vor dem gesundheitlichen Ruin.

Da ich während meiner Akutphase nicht in der Lage war, das Erlebte in eine geordnete schriftliche Form zu bringen, geschieht dies jetzt aus der Retrospektive. Schon während der Vorbereitungen zu meinem Sabbatical hatte ich – angeregt durch einen Freund – die Idee, nach meiner Rückkehr meine Erfahrungen in einem Buch zusammenzufassen. Ich bemühte mich daher, während meiner Auszeit möglichst viele Erlebnisse, Erfahrungen und Gedanken schriftlich festzuhalten. Daraus entstand ein Tagebuch mit mehr als hundert Seiten, einigen Tabellen, Gedichten und Zeichnungen.

Heute weiß ich, dass das Schreiben für mich eine große Hilfe auf dem Weg aus dem Burn-out war. Dennoch bereitete es mir nach meiner Rückkehr einige Schwierigkeiten, aus diesem Material ein Buch zu machen. Dies lag zum einen daran, dass ich viele schmerzhafte Erfahrungen und Selbsterkenntnisprozesse aus dieser Zeit nicht »wiedererleben« wollte, und zum anderen an der Frage nach der passenden Form: Ich suchte nach einer Möglichkeit, meine Erlebnisse und Erfahrungen – vor allem aber auch die Gefühle, die mich damals bewegten – dem Leser möglichst unmittelbar zugänglich zu machen. Schließlich entschied ich mich dafür, das Buch in Form eines Interviews zu schreiben. Ich versuchte, möglichst viele Fragen zu formulieren, die ein Leser einem Betroffenen wie mir stellen würde, und diese zu beantworten. Nach dem Motto »Was ich Sie schon lange mal fragen wollte« oder »Hand aufs Herz: Wie haben Sie sich da gefühlt?« trug ich viele Fragen zusammen, die für mich den roten Faden des Skriptes bildeten. Meine Antworten auf diese Fragen sind gewiss an einigen Stellen unvollkommen. Dennoch habe ich sie in ihrem Inhalt und ihrem Sprachduktus bewusst unverändert gelassen, einschließlich einiger zugespitzter Thesen, die manchem vielleicht hart vorkommen mögen. Einige Schlüsselerlebnisse hielt ich zusätzlich in kurzen Erzählblöcken fest; sie sind zwischen den einzelnen Interviews eingestreut.

Im Serviceteil des Buches habe ich Tipps und Ratschläge zur Planung und Durchführung eines Sabbaticals sowie zum beruflichen Wiedereinstieg zusammengestellt. Die Tipps für die Zeit nach der Rückkehr illustrieren die Durchsetzung einer möglichen Work-Life-Balance. Denn für alle diejenigen, die sich für den Wiedereinstieg in ihr altes »Suchtumfeld« entscheiden, muss klar sein, dass dazu viel Widerstandskraft und Zivilcourage notwendig sind. Die wichtige, mir oft gestellte Frage »Was kostet so ein Ausstieg auf Zeit?« versucht meine Budgetauswertung am Ende des Buches zu beantworten. Darüber hinaus finden Sie dort einige Links und Adressen zum Thema Burn-out.

Meine Gedanken gelten insbesondere den jüngeren Führungskräften und Leistungsträgern, die noch am Anfang
ihrer beruflichen Karriere stehen. Ihnen möchte ich sagen:
Bei aller Leistungsbereitschaft, bei allem Engagement: Ver-
heizen Sie sich nicht – und lassen Sie sich nicht verhei-
zen! Behalten Sie sich außerberufliche Interessen vor und
setzen Sie diese auch gegen Widerstände durch. Es geht
um *Ihr* Leben, *Ihre* Gesundheit, *Ihren* Lebenssinn. Nur Sie
selbst können dafür sorgen, dass Ihr Leben auf der Überholspur für Sie nicht lebensgefährlich wird. Wie das gehen
soll, ohne gleich zum Totalaussteiger zu werden? Lesen Sie
einfach weiter. Und entscheiden Sie dann, ob und wie Sie
weiterfahren wollen.

Frank Krause, im Juni 2010

TEIL 1

Diagnose: Burn-out

»Meine Frau ist Französin, und sie würde sagen, Sie haben
eine ›déformation professionelle‹.« Ich war wie gelähmt, tausend Gedanken schossen mir durch den Kopf. Ich hörte den
Psychotherapeuten sprechen – froh, den ersten Schritt getan
zu haben, traurig zugleich. Ich hatte das Gefühl, ganz unten
angekommen zu sein. Wie ein Entrechteter saß ich in dem
weichen Ledersessel. Der Arzt sprach in ruhigem Tonfall. So
hatte ich mir Psychologen gar nicht vorgestellt, eher wie eine
Art bessere Talkmaster, eloquent und manchmal provozie-
rend. Doch in diesem Gespräch saß ich einem Mann gegenüber, der mir mit warmer, klarer Stimme mein Problem dar-
legte, analytisch, sachlich. Er machte mir Mut, ließ mich
ausreden, lächelte dabei – so als wolle er sagen: »Gut, dass
Sie da sind, haben Sie Vertrauen!« Ich hörte mich sprechen,
meine Worte wurden durch tiefe Atemzüge unterbrochen,
ich packte aus, was mich beschwerte. Manchmal stiegen mir
die Tränen in die Augen. Ich konnte nicht fassen, was ich
mir angetan hatte. Nach einer Weile des Schweigens begann
der Therapeut seine Diagnose. Klar und logisch leitete er die
Ursache-Wirkungs-Kette her. »Glückwunsch«, sagte er – wieder mit einem Lächeln –, »andere kommen nicht von alleine!
Meistens schickt sie der Kardiologe.« Und: »Es ist schon
bewundernswert, was Sie sich trauen – so in voller Fahrt einfach aus dem Zug auszusteigen.« Danach erklärte er mir,
dass ich vom Charakter her zu denjenigen Personen gehöre,

die die Absicherung des Lebens überbetonen. Das Streben nach Sicherheit sei so in der Evolution verankert; in manchen Menschen mehr, in manchen weniger. »Ihr Gehirn lässt Sie nur in Ruhe, wenn Sie sich sicher fühlen, wenn Sie etwas zu Ihrer Absicherung getan haben! In dem Stadium, in dem Sie sich jetzt befinden, kann dies schon durch normale Arbeit eintreten. Wenn Sie sich nicht absichern können, sind Sie wie ein Drogenabhängiger, dessen Dealer gefasst ist.« Für einen Augenblick dachte ich: »Siehst du, so weit hast du es also gebracht! Immer alles gegeben für die Karriere, und jetzt das – krank, krank von der Arbeit. Arbeitssüchtig?!« »Was Sie wieder lernen müssen«, fuhr der Arzt fort, »ist, Spaß am Leben zu haben.« Ich musste lächeln und war zugleich unendlich traurig. So weit kann man sich also ins Off schießen! Ich hatte keine Sozialkontakte mehr, ich verbrachte nun schon das achte Jahr in Folge jeden Tag 12 bis 14 Stunden im Büro, ich war in den letzten drei Jahren vier Mal aus beruflichen Gründen umgezogen. Mein Terminkalender verzeichnete rund 180 Hotelübernachtungen pro Jahr in Europa, Asien und den USA. Ich war ein ruheloser, einsamer Mensch mit Depressionen geworden.

Wann haben Sie zum ersten Mal daran gedacht, dass Sie vom Burn-out-Syndrom betroffen sein könnten?

Schon während meiner Zeit als Unternehmensberater hatte ich das Gefühl, ausgebrannt zu sein. Das erste Mal habe ich es durch körperliche Erschöpfung und Unwohlsein gemerkt; auch die klassischen Rückenschmerzen spielten eine Rolle. Diese Erschöpfung war aber nicht nur physischer Art. Denn es ist ja nicht nur die physische Leistung, die man als Unternehmensberater allein schon durch die umfangreiche Reisetätigkeit erbringt, sondern es gibt eben auch die psychische Seite, nämlich die Arbeit unter einem sehr hohen Druck, weil man in diesem Job immer wieder in kürzester Zeit äußerst effizient sein muss.

Ich fühlte mich permanent ausgelaugt, wie in einem Jetlag, der nicht mehr zu Ende geht. Ich kam schon morgens müde ins Büro. Ich wurde dünnhäutig, sehr leicht reizbar, konnte nicht mehr viele Menschen um mich herum ertragen – was von meiner Umgebung wahrscheinlich als Arroganz wahrgenommen wurde. Der bloße Gedanke an so etwas wie Glücklichsein machte mich aggressiv. Im Gespräch mit anderen war ich sarkastisch und zynisch, merkte das aber meist selbst gar nicht mehr und war verärgert, wenn andere mich darauf aufmerksam machten.

Ganz massiv ist es mir außerdem im Urlaub aufgefallen, dass etwas nicht mehr stimmte. Ich habe gemerkt, dass ich einfach nicht mehr abschalten konnte. Ich war meist zu müde, um etwas zu tun, und gleichzeitig zu wach, um zu schlafen. Und ich hatte den sogenannten »Tunnelblick«, nahm links und rechts neben mir nicht mehr viel wahr. Mein soziales Umfeld – oder was davon noch übrig war – habe ich in dieser Zeit ziemlich vernachlässigt.

Insgesamt merkte ich mit etwa Ende dreißig, dass ich außer Balance war. Da war ich seit zwölf Jahren im Beruf. Ich war körperlich ausgepumpt und konnte mich nur sehr, sehr schwer wieder regenerieren. In dieser Phase hat mir meine Arbeit nicht mehr viel Spaß gemacht. Selbst über positive Arbeitsergebnisse konnte ich mich nicht mehr freuen. Denn ich merkte, dass ich ständig an der Grenze zur Überlast lebte, an dieser Grenze arbeitete. Immer öfter ging mir der Gedanke durch den Kopf: »Ich passe nicht mehr zu dem Leben, das ich führe.«

Wie hat sich das auf Ihr Verhältnis zu Ihrer Arbeit ausgewirkt?

Ich arbeitete sozusagen »ohne Sinn und Verstand«: Ich konnte in diesem Stadium nicht mehr unterscheiden zwischen dem, was dringend war, und dem, was wichtig war. Mir fällt dazu ein Begriff ein: »Durchhalteparole«. Man marschiert weiter, weil es alle machen oder weil man glaubt, es müsse so sein. Ich stellte mir gar nicht mehr die Frage nach dem Sinn meiner Arbeit, sondern arbeitete aus reinem Selbstzweck. Ich »fraß« mich durch den Tagesablauf und funktionierte wie eine Maschine.

Auf der einen Seite hatte ich nach wie vor ein echtes inhaltliches Interesse an meinen Aufgaben. Aber auf der anderen Seite fühlte ich auch genau, dass das, was ich da tat, im Grunde genommen Unsinn war. Für meinen Körper Unsinn und für meine Psyche genauso. Eine Bedeutung im Sinne von »sinnvoll«, von »in die Lebensplanung passend« oder auch »aus ökonomischen Gründen« – dass man arbeitet, um Geld zu verdienen –, eine solche Bedeutung hatte meine Arbeit überhaupt nicht mehr für mich. Nun soll da kein falsches Bild entstehen: Nicht, dass ich das hohe Gehalt und die attraktiven Bonusleistungen nicht zu schätzen gewusst hätte – ich konnte diese Vorteile einfach emotional nicht mehr genießen. Dazu war ich zu ausgebrannt. Dieses Gefühl trug ich permanent mit mir herum. Am Ende entwickelte ich eine Art Hassliebe zu meinem Job: Auf der einen Seite funktionierte ich, auf der anderen Seite hasste ich mich dafür, weil ich mich dabei nicht mehr gut fühlte. Und dann gab es die stillen Minuten, wo ich die Arbeit zwar mochte, aber dann schmerzlich erkennen musste, dass Arbeiten gerade noch das Einzige war, was ich konnte: Alle anderen Aktivitäten waren aus meinem Leben verschwunden.

Wie haben Sie in dieser Zeit Ihre verbliebene Freizeit verbracht? Hätten Sie sich da nicht erholen können?

Am Anfang des Burn-out-Prozesses habe ich noch versucht, in meiner Freizeit nach ganz ähnlichen Mechanismen und Regeln zu leben wie im Job. Ich fiel in den berühmten Freizeitstress, fuhr ins Fitness-Center, wollte dort auch wieder Leistung bringen, setzte mich also auch dort wieder unter Druck. Ich habe exzessiv Sport getrieben, obwohl es mir wahrscheinlich besser getan hätte, einmal innezuhalten, einfach mal Pause zu machen. Die Phasen der Selbstreflexion, die es früher in meinem Leben gegeben hatte – mal in Ruhe einfach nur dasitzen, sich vielleicht auch mit anderen Menschen unterhalten –, sind weniger geworden. Nach und nach veränderte sich mein Freizeitverhalten dann immer mehr ins Gegenteil: Statt jedes Wochenende ins Fitness-Studio zu gehen, konnte ich mich an den freien Tagen nun immer häufiger zu gar nichts mehr aufraffen. Zum Schluss war es nur noch so ein apathisches »Sich-in-der-Wohnung-Aufhalten«. Ich habe dann auf der Couch oder im Bett gelegen, habe ferngesehen, an den Wochenenden oft bis zu vier Stunden am Tag. Ich war in diesem Stadium nicht mehr in der Lage, meine Freizeit im Sinne von Regeneration zu nutzen – in welcher Form auch immer.

Wie haben Freunde oder Bekannte reagiert, wenn Sie von Ihren Problemen mit der enormen Arbeitsbelastung erzählt haben?

Da gab es zwei Gruppen. Einige Bekannte waren offensiv und sagten einfach nur: »Nun reiß dich mal zusammen und hör auf mit dem Gejammer. Du verdienst doch so viel Geld, da kannst du dich doch nicht beschweren!« Andere Bekannte sagten eher gar nichts dazu. Sie konnten das einfach nicht erfassen, konnten sich nicht in meine Lage hineinversetzen. Sie konnten sich nicht vorstellen, wie es jemandem geht, der sozial so isoliert lebt. Für sie war ich so eine Art »Sonderling«. Und genau das war ich in dieser Zeit ja auch: ein Außenseiter. Meine Art zu arbeiten, meine Art, meine berufliche Entwicklung so in den Mittelpunkt zu stellen und für nichts anderes mehr Zeit und Energie zu haben: All das hatte mich zu einem Außenseiter gemacht.

Haben Sie in dieser Zeit an ärztliche Hilfe gedacht?

Nicht nur gedacht – ich brauchte sie am Ende sogar dringend. Da gab es ein regelrechtes Schlüsselerlebnis. Das war an einem Sonntag, an einem Wochenende nach einer besonders stressigen Arbeitswoche. Ich hatte mal wieder fast nicht geschlafen und lag morgens gegen elf noch grübelnd im Bett. Mein Gehirn spielte dauernd einen anderen Film ein, eine Flut von negativen Bildern, gegen die ich mich nicht wehren konnte. Ich, der ich für das Lösen von Problemen bezahlt wurde, war offensichtlich unfähig, meine eigenen Probleme zu lösen. Ich fühlte mich ausgebrannt, stolperte müde aus dem Bett. Noch im Schlafanzug habe ich mich an meinen Laptop gesetzt und das Stichwort »Depression« bei Google eingegeben. Unter den Suchergebnissen war auch ein Forum zum Thema. Die Beiträge dort waren ein Schock für mich: Da diskutierten die Teilnehmer öffentlich unter anonymen Namen über Selbstmord. »Scheiße«, dachte ich, »so weit kann es also kommen!« Ich habe in diesem Moment richtig Panik gekriegt und das Forum schnell weggeklickt. Noch am gleichen Morgen habe ich dann einen Bekannten angerufen und mir die Telefonnummer von einem Psychotherapeuten geben lassen, den er mal erwähnt hatte. Das hat mich ziemlich viel Überwindung gekostet – aber es war zu diesem Zeitpunkt meine Rettung.

Das Boiled-Frog-Syndrom

»Und, warum geht der jetzt?«, fragte Lehmann, mein Chef, plötzlich in die Runde. Wir saßen zu dritt in einem teuren italienischen Restaurant. Lehmann hatte mich und meinen Kollegen Kröger zum Abendessen eingeladen. Vielleicht wollte er meiner Entscheidung damit einen offiziellen Rahmen geben; vielleicht war die Essenseinladung aber auch Ausdruck seines schlechten Gewissens mir gegenüber – oder sogar einfach nur eine Geste der Dankbarkeit? Ich war mir über seine Beweggründe nicht im Klaren. Manchmal konnte Lehmann dankbar und wertschätzend sein und dann – nur kurze Zeit später – wieder zynisch und herablassend. Kröger sah ihn an und stellte eine Gegenfrage: »Kennen Sie das Boiled-Frog-Syndrom?« »Nein, kenne ich nicht«, entgegnete Lehmann. »Na, wie kocht man einen Frosch?«, fragte Kröger weiter. »Weiß ich nicht – einen Frosch kochen? So ein Unsinn!« »Doch, doch – es gibt zwei Methoden, aber nur eine davon funktioniert«, beantwortete mein Kollege seine Frage schnell selbst. »Die erste Möglichkeit ist: Man wirft den Frosch einfach ins kochende Wasser. Was glauben Sie, was passiert?« Lehmann zögerte: »Was soll passieren? Er springt raus aus dem Wasser ... wenn er noch kann.« »Genau. Die zweite Möglichkeit ist: Man wirft den Frosch ins kalte Wasser und dreht dann die Temperatur nach und nach immer höher. Was passiert dann?« Lehmann schwieg. Er schien mit dieser Frage nicht gerechnet zu haben. »Auf diese Weise findet die

Temperaturerhöhung nur ganz langsam statt. Und deshalb bleibt der Frosch im Wasser sitzen – bis er verkocht. Verstehen Sie? Bis er verkocht.« Lehmann sagte immer noch nichts, sah Kröger fragend an. »Und der da« – Kröger deutete auf mich – »der da, der springt jetzt raus!« In diesem Augenblick änderte sich etwas in Lehmanns Gesicht. Er wirkte fast ein bisschen hilflos. Ich konnte sehen, dass er in diesem Moment etwas begriff. »Meinen Sie ...« Er wollte etwas sagen, ließ es dann aber doch. Ein paar Sekunden lang entstand eine peinliche Stille. Lehmann räusperte sich, lehnte sich in seinem Stuhl zurück. »Ich nehme noch einen Espresso«, sagte er schließlich. »Möchten Sie auch noch etwas?«

**Hätten Sie Ihre Situation durch einen Arbeitsplatzwechsel
wieder in den Griff bekommen können?**

Zu diesem Zeitpunkt schon lange nicht mehr. Denn ich
hatte schon vorher einmal versucht, mein Problem durch
einen Arbeitsplatzwechsel zu lösen. Dabei hatte ich auch
die Branche gewechselt, von der Beratung in die Industrie.
Doch durch diesen Branchenwechsel war ich buchstäblich
vom Regen in die Traufe gekommen: Ich war in ein Arbeitsumfeld geraten, das mir noch mehr Zeit- und Energie-
einsatz abforderte, als das vorher schon der Fall war. Das
hat den Leidensdruck natürlich noch weiter erhöht – bis zu
der bitteren Erkenntnis: »Die Batterie ist leer. Jetzt muss
ich wohl erst einmal eine Zwangspause einlegen.« Aus diesem Gefühl heraus habe ich dann gekündigt.

**In Ihrem letzten Job vor dem Ausstieg: War das Burn-out
ein Thema zwischen Ihrem Vorgesetzten und Ihnen?**

Ich bin mir ziemlich sicher, dass mein Vorgesetzter von
meinen Problemen etwas gemerkt hat. Doch Manager wie
er sind den Leistungsdruck meist jahrzehntelang gewohnt.
Mein Chef und ich haben beide im Schnitt 12 bis 14 Stunden pro Tag gearbeitet. Daher denke ich: Wenn mein Vorgesetzter mehr auf meine Schwierigkeiten mit der Arbeitsbelastung eingegangen wäre, dann hätte das zu einem
Infragestellen seines eigenen Lebenskonzeptes geführt.
Und dazu – so habe ich es zumindest empfunden – war er
nicht in der Lage. Kurz und gut: Wir haben nicht darüber
gesprochen. Er hat es mir wohl angesehen, dass ich unter
der Arbeitssituation leide, aber er hat nicht darauf reagiert.

Oder höchstens in sehr paradoxer Weise, denn einerseits sagte er hin und wieder: »Na ja, gut – machen Sie halt weniger!«, aber andererseits wollte er später dann genau das Arbeitsergebnis, das er sich vorstellte, trotzdem haben.

Dass ich dann nicht wirklich weniger arbeiten konnte, nicht wirklich mehr Zeit für mein Privatleben hatte, das hatte auch etwas mit mir zu tun. Ich brachte einfach nicht den Mut auf, mich gegen diese Unternehmenskultur zu wehren oder zu kündigen. Auch wenn ich sehen konnte, dass ich nicht der Einzige war, der unter diesen Arbeitsbedingungen litt: Einige Kollegen hatten schon einen Hörsturz gehabt oder kämpften mit anderen gesundheitlichen Problemen. Trotzdem war das unsere Normalität.

Und dann kam der Zusammenbruch?

Ja, der kam dann, plötzlich und mit voller Wucht. Auch wenn das Wort »Zusammenbruch« hier nicht so ganz passt, denn mein Körper sendete mir an diesem Tag zwar ein überdeutliches Warnsignal, hielt der Belastung jedoch noch ein paar Wochen stand. Ich kann mich an den Tag noch sehr genau erinnern. Es war ein Sonntagmorgen. Ich stand morgens vor dem Spiegel und hatte plötzlich ein Gefühl von unerträglicher Enge in der Brust. Ich dachte sofort an einen Herzinfarkt. Das örtliche Krankenhaus war direkt in der Nähe, also habe ich mich hastig angezogen und bin zur Notaufnahme gegangen. Der Arzt dort machte gleich ein EKG und sagte mir danach, dass meine Symptome ziemlich nach Überarbeitung aussähen. Ungefähr zwei Monate nach diesem Erlebnis habe ich gekündigt. Ich sah keinen anderen Ausweg mehr; ich fühlte, dass ich am

Ende war. Es war wie der Nothalt eines ICE. Ich habe nur noch den roten Griff der Notbremse gesehen, und an dem habe ich gezogen. Es war einfach der Notstopp.

Hatten Sie auch vor diesem Erlebnis schon einmal an Kündigung gedacht?

Ja – ein paar Wochen vorher hatte ich mit einem früheren Studienkollegen, Richard, einen Kurzurlaub verbracht. Ich erzählte ihm von meiner Arbeitssituation und von meinem Gefühl des Ausgebranntseins. Zwar hat er mir nicht ausdrücklich zur Kündigung geraten, aber er hat mir zumindest deutlich gemacht, dass das ein Weg sein könnte. Seit diesem Gespräch hatte ich den Gedanken an die Kündigung mit mir herumgetragen, aber wirklich dazu entschlossen habe ich mich erst nach dem Morgen in der Klinik-Notaufnahme.

Als Ihr Entschluss zur Kündigung dann feststand: Haben Sie mit jemandem darüber gesprochen?

Ja, mit meiner Mutter. Am Abend vor meiner Kündigung habe ich mit ihr telefoniert. Ihre Reaktion war lakonisch: Sie hätte das schon lange kommen sehen, endlich würde ich etwas unternehmen ... Ich war überrascht, als sie das sagte, aber auch irgendwie froh, dass sie meine Entscheidung unterstützte oder zumindest zu verstehen schien. Sonst habe ich mit niemandem darüber gesprochen.

Hatten Sie Zweifel, ob Sie wirklich kündigen sollten?

Ja, allerdings, buchstäblich bis zum letzten Moment. Mir war deutlich bewusst, was ich mit meinem Job alles aufgeben würde. Mit der Kündigung in der Tasche bin ich wie in Trance, wie ferngesteuert zur Personalabteilung gegangen. Noch vor der Tür des Personalleiters – ich musste vor dem Termin mit ihm ein paar Minuten warten –, fragte ich mich, ob ich das wirklich tun sollte. Ein paar Tage vor meiner Kündigung war ich noch befördert worden; ich gehörte nun zum oberen Führungskreis unseres Unternehmens. Vor diesem Hintergrund musste meinem Chef meine Entscheidung als undankbar, ja geradezu verrückt erscheinen. All das ging mir durch den Kopf, während ich auf das Gespräch mit dem Personalleiter wartete. Dann ging alles ziemlich schnell: Ich gab meine Kündigung ab, der Personalleiter fragte mich, ob er noch etwas tun könne, um mich im Unternehmen zu halten, was ich verneint habe. Nach dem Gespräch mit ihm fühlte ich mich immer noch benommen, aber auch erleichtert: Ich hatte es geschafft!

Wie haben Sie sich in der Zeit nach Ihrer Kündigung gefühlt, in der noch verbleibenden Zeit im Unternehmen?

Erst einmal war es so, als sei eine große Last von mir gefallen. Das dauerte aber leider nur sehr kurz. Das heißt, ich bin dann noch mehr als sieben Monate im Unternehmen geblieben und habe auch noch vier große Dienstreisen gemacht, internationale Dienstreisen, Interkontinentalflüge nach Brasilien, nach Japan, nach China und Amerika. Meinen Arbeitsalltag in dieser Zeit empfand ich manchmal ein bisschen wie einen »Spießrutenlauf« – aber er ließ sich leichter ertragen, weil ich wusste, dass das Ganze bald ein Ende haben würde. In dieser Zeit habe ich von vielen das Feedback bekommen: »Sie wirken auf einmal so locker!« Und ich war auch tatsächlich lockerer, keine Frage, ich nahm die Dinge nicht mehr so schwer.

Endlich gekündigt – was nun?

Es war Montagmorgen, acht Uhr, und ich hatte einen Termin beim Arbeitsamt. Zusammen mit den anderen »Kunden« der Arbeitsagentur stand ich vor der Haupteingangstür aus schmutzigem Sicherheitsglas. Die Atmosphäre hatte etwas von Sommerschlussverkauf, nur waren die Schnäppchenjäger hier zugleich auch die Ramschware. Ich konnte vielen ansehen, dass sie die Hoffnung aufgegeben hatten, jemals wieder Arbeit zu bekommen. Ich kam mir fremd vor – und doch gehörte ich nun auch zu dieser Gruppe, die Leistungen vom Staat zu bekommen versuchte. Es dauerte eine Ewigkeit, bis ich an der Reihe war. Die Sachbearbeiterin wirkte auf mich wie eine Lazarettärztin: Keine Chance, jeden wieder lebend aus dem Zelt zu bekommen. »Aus welchem Grund sind Sie hier?«, hörte ich sie fragen. »Ja, ich wollte melden, dass ich gekündigt habe. – Und dass ich mich eventuell selbstständig machen will«, fügte ich etwas unsicher hinzu. Sie schaute mich über den Rand ihrer Brille an: »Wenn Sie selbst gekündigt haben, gilt für Sie leider die übliche Sperrfrist. Paragraf hundertvierundvierzig, SGB drei.« »Wie bitte?« Mir fuhr es eiskalt durch die Glieder. Von einer Sperrfrist hatte ich zwar irgendwann schon einmal gehört, aber erst in diesem Moment wurde mir bewusst, was sie konkret für mich bedeutete. »Das heißt, innerhalb der nächsten zwölf Wochen erhalten Sie keine Leistungen von der Arbeitsagentur. Erst nach Ablauf dieser Sperrfrist haben Sie Anspruch auf ALG I. Dann allerdings nicht mehr zwölf Monate, sondern nur noch neun«, fuhr sie fort. Sie schien gelangweilt. Nach einigen Minuten hatte sie meine Daten in den Computer eingegeben und mich wieder verabschiedet. Mit einem Stapel Merkblätter und der Aufforderung, einen Termin beim Sachbearbeiter für Leistungsfragen zu vereinbaren, verließ ich das Gebäude.

Wie waren die ersten Tage ohne Job?

Zunächst ziemlich ernüchternd. Da war erst einmal die Arbeitsagentur und damit eine Welt, mit der ich bis dahin kaum zu tun gehabt hatte. Durch meine Eigenkündigung blieb mir nur ein ALG-I-Anspruch von neun Monaten. Das hatte ich vorher nicht wirklich bedacht. Nachdem ich mich von dem ersten Schock erholt hatte, dachte ich: Okay, die neun Monate müssen reichen, in diesem Zeitrahmen findest du auf jeden Fall wieder einen neuen Job.

Was muss man bei einer Eigenkündigung beachten?

Das ist eine sehr wichtige Frage. Ich möchte hier nur kurz darauf eingehen, da die gesetzlichen Bestimmungen hierzu sich immer wieder ändern, beispielsweise die Meldefristen. Es empfiehlt sich daher unbedingt, auf der Website der Arbeitsagentur zu recherchieren, sobald man ernsthaft an eine Kündigung denkt. Wenn man selbst kündigt, verhängt die Arbeitsagentur eine Sperrzeit von drei Monaten. Das gilt auch, wenn man das Arbeitsverhältnis durch einen Aufhebungsvertrag beendet.

Während der Sperrzeit ruht der Leistungsanspruch gegenüber der Arbeitsagentur. Besonders wichtig ist hierbei: Während der Sperrzeit wird weder Arbeitslosengeld ausgezahlt, noch übernimmt das Arbeitsamt Ihre Sozialabgaben. Sie müssen sich also unbedingt sofort nach der Kündigung darum kümmern, wie Sie während der Sperrzeit Ihren Krankenversicherungsschutz sicherstellen. Am besten setzt man sich einfach direkt mit der Krankenkasse in Verbindung.

Sie haben eine sichere und gut bezahlte Position gekündigt, ohne einen Anschlussjob zu haben. Wie haben Ihre Bekannten und Freunde auf diese ungewöhnliche Entscheidung reagiert?

Freunde hatte ich zu diesem Zeitpunkt eigentlich keine mehr. Meine Sozialkontakte waren auf ein Minimum zusammengeschrumpft. Nach meinen langen Arbeitstagen hatte ich abends keine Lust mehr auf Menschen, selbst zum Telefonieren war ich meist zu müde. Am Wochenende war ich eigentlich nur noch damit beschäftigt, mich zumindest körperlich so weit zu regenerieren, dass ich montags wieder zur Arbeit gehen konnte. Meine früheren Freunde wohnten mindestens 300 Kilometer von mir entfernt. Am wichtigsten in der Zeit nach meiner Kündigung wurde tatsächlich mein früherer Studienkollege Richard, da er Ähnliches erlebt hatte. Stundenlang habe ich mit ihm meine Perspektiven und Lebensentwürfe durchdiskutiert. Das war eine sehr angespannte Zeit, in der viele Ängste in mir hochkamen – von Existenzängsten angefangen über Verlustängste bis hin zu der Frage: »Wie geht es überhaupt weiter in meinem Leben, beruflich und privat?« Über all das konnte ich mit ihm reden.

Haben Sie in dieser Phase auch ärztliche Hilfe gesucht?

Ja. So weit war ich zu diesem Zeitpunkt. Einen kurzen Kontakt zu einem Psychotherapeuten hatte ich ja bereits aufgenommen, als ich noch im Job war; jetzt war ich bereit, mich meinen Problemen wirklich zu stellen. Ich bin von meinem Charakter her ein sehr analytisch denkender

Mensch. Selbst in dieser Extremsituation, seelisch auf dem Tiefpunkt angelangt, war das nicht anders. Ich wollte einfach wissen, was mit mir los ist. Also bin ich zu einem Psychotherapeuten gegangen, und das hat mir enorm viel gebracht. Ich konnte von dem Arzt sehr viel annehmen. Er konnte mir meine Situation erklären. Und schon das hat mir in vieler Hinsicht geholfen – weil ich ja in meiner Situation von einer Sache betroffen war, die mich selbst vollkommen ratlos machte. Bei körperlichen Schmerzen reimt man sich ja immer noch laienhaft was zusammen: Zum Beispiel wenn man Magenschmerzen hat, überlegt man, ob man irgendwas gegessen hat, was einem nicht bekommen ist. Aber wenn es einem psychisch nicht gut geht, da ist man schnell ziemlich am Ende mit diesen selbstgebastelten Erklärungen. Noch dazu ist das Thema ja bis heute sehr tabuisiert – man spricht nicht gerne darüber. Ein Vertrauensverhältnis zu dem Therapeuten aufzubauen und ihm etwas über meine depressiven Gedanken und Gefühle zu erzählen, war für mich anfangs sehr schwierig. Gerade deshalb hat es mir sehr geholfen, dass der Arzt mich in einigen Sitzungen über meinen Zustand informiert und darüber aufgeklärt hat, was mit mir los ist. Anders formuliert: Es war wirklich wichtig für mich, jemandem gegenüberzusitzen, der aufgrund seiner fachlichen Qualifikation diagnostizieren konnte, warum ich mich schlecht fühlte.

Können Sie das auch anderen Betroffenen empfehlen?

Ganz klar: Ja. Ärztliche Hilfe zu suchen – bei einem Arzt mit psychotherapeutischer Zusatzausbildung, einem Psychiater oder bei einem Psychologischen Psychotherapeuten – ist vor allem deshalb so wichtig, weil das Burn-out letztendlich in eine Depression mündet. Und die Depression ist viel mehr als einfach nur »schlecht drauf sein«, die Depression ist eine Krankheit. Eine Depression muss ärztlich behandelt werden, und es ist sehr, sehr wichtig, dass sie im Frühstadium erkannt wird, da sie im wahrsten Sinne des Wortes lebensgefährlich ist. Deswegen hat es auch keinen Sinn, aus falschem Stolz heraus zu sagen: »Nein, nein, ich stehe das jetzt mal alleine durch!« Fazit: Ärztliche Hilfe bei Depression ist kein Luxus, sondern eine Notwendigkeit.

»Dann zieh doch den Stecker raus«

»Dann nimm halt zehntausend Euro und zieh den Stecker raus!« Richard steckte sich eine Zigarette an – so, als wolle er sagen: »Was sollen wir darüber noch weiter reden?« Er sog den Rauch ein, blies ihn dann langsam in die Luft. »Ich hab es damals anders gemacht, nachdem ich aus dem Job ausgestiegen war: Hab ein halbes Jahr zu Hause gesessen und morgens schon ferngesehen. Nach der dritten Daily Soap wird das zwar langweilig, aber ich konnte mich zu nichts anderem aufraffen. – Mach es halt anders«, wiederholte er sich. Sein Ratschlag machte mir Angst. Ich fühlte mich, als würde mir ein Arzt eröffnen, dass ich noch ein Jahr zu leben hätte und es jetzt an der Zeit sei, das Leben noch ein bisschen zu genießen. Seit meiner Kündigung kämpfte ich mit Existenzängsten. »Kündigen Sie auf keinen Fall Ihren Job, bevor Sie nicht etwas Neues haben«, hatte ich in einem Ratgeber für Führungskräfte gelesen. Wieso hatte ich auf diese Warnung nicht gehört? Mir schossen tausend Gedanken durch den Kopf. Was würde passieren, wenn ich keinen Einstieg mehr fand? Ich überschlug meine Fixkosten pro Monat und rechnete mir aus, wie lange ich diesen Lebensstandard noch halten konnte. »Du musst mal wieder Spaß am Leben kriegen«, sagte mein Freund in einem Ton, der gleichzeitig sorgenvoll und wie eine Anweisung klang. »Wenn das Gesamtkonzept nicht stimmt, nützen Einzelmaßnahmen wenig.« Diesen Spruch von ihm kannte ich zwar schon, aber ich musste zugeben, dass er auf meine Situation passte. Richard kannte die Knochenmühle genau, aus der ich kam. Wir hatten das Gleiche studiert, waren ungefähr zeitgleich in den Beruf eingestiegen, hatten beide mehrere Jahre lang Führungspositionen innegehabt. Richard hatte sich vor vier Jahren selbstständig gemacht und hielt jetzt Seminare für Vertriebsingenieure. Ich bewunderte seinen Mut. Vielleicht hatte er recht. Vielleicht war es wirklich besser, in meinem Leben den Reset-Button zu drücken und die Festplatte neu zu formatieren.

Wie haben Sie nach Ihrem Ausstieg aus dem Job für sich eine neue Perspektive entwickelt?

In der Zeit nach meiner Kündigung habe ich erst einmal krampfhaft überlegt, was ich denn nun als Nächstes beruflich tue. Das ist ja dieses Suchtverhalten: Dass man eigentlich – gerade nachdem man den Prozess gewaltsam unterbrochen hat, um zur Ruhe zu kommen –, schon gleich wieder nachdenkt, was man als Nächstes arbeiten könnte. Das ist ein Symptom, das mich in den ersten Monaten ständig begleitet hat. Ich konnte also selbst in meiner größten Niedergeschlagenheit immer noch nicht loslassen. Der Begriff »Workaholic« trifft meine damalige Situation genau: Ich arbeitete nicht mehr aus Freude oder für meine ökonomische Unabhängigkeit, sondern ich war arbeitssüchtig. Nicht zu arbeiten, und sei es auch nur für einen kurzen Zeitraum, konnte ich mir zuerst gar nicht vorstellen.

Deshalb kam ich auch nicht selbst auf die Idee mit dem Sabbatical. Den Anstoß dazu gab vielmehr mein Freund Richard. Ich war eigentlich gerade auf einem ganz anderen Gleis, nämlich in der Vorbereitungsphase für meine Existenzgründung. Nach meiner Kündigung wollte ich mich als Berater selbstständig machen, hatte schon einige Existenzgründungsseminare besucht und feilte an meinem Businessplan. Als ich meine Pläne zum x-ten Mal mit Richard durchsprach, sagte er plötzlich: »Sag mal, was redest du da – du hast gerade die Notbremse gezogen, und jetzt denkst du schon wieder Tag und Nacht über deine weitere berufliche Entwicklung nach? Wenn du mich fragst: Das hat alles gar keinen Zweck, was wir hier machen. Du brauchst erst mal eine Auszeit. Und zwar richtig.« Damit hatte er einfach recht. Und so habe ich mir dann vorgenommen, für ein halbes Jahr ganz auszusteigen, sprich für ein Sabbatical nach Australien zu gehen.

Das war wahrscheinlich keine leichte Entscheidung ...

Nein, natürlich nicht. Sofort tauchten jede Menge Fragen auf: »Was kostet das? Wie lange soll es dauern? Finde ich danach nochmal einen Job in Deutschland?« Und natürlich kamen auch jede Menge Ängste hoch, die mit diesen Fragen verbunden sind. Es war sehr hart für mich, diese Entscheidung zu treffen, denn erst in diesem Moment habe ich gemerkt, wie fest ich an meinem Wertesystem und meinem Lebenskonzept hing. Aber ich habe mich trotz aller Ängste dafür entschieden, weil es für mich die einzige Möglichkeit war, einmal von Grund auf über mich und mein Leben nachzudenken. Ich wollte wirklich mal runterkommen von dem Hype, und deshalb sagte ich zu mir: »Okay, jetzt mach mal Pause, überlege mal: Was willst du die nächsten Jahre machen, wie willst du überhaupt weiterleben, was soll in deinem Leben noch passieren?« Dazu musste ich erst einmal auf eine Lebensgeschwindigkeit herunterbremsen, die es mir erlaubte, Antworten auf diese Fragen zu bekommen. Letztendlich habe ich die Entscheidung für das Sabbatical aber nicht rational, sondern eher aus einem Gefühl heraus getroffen: Ich wollte meine Ruhe haben, um über mein Leben nachzudenken. Einfach nur meine Ruhe haben.

Ballast abwerfen

»Ich möchte gerne etwas zum Sperrmüll geben«, sagte ich ins Telefon und wunderte mich selbst, wie fröhlich meine Stimme dabei klang, »wann ist der nächste Termin?« »Wir kommen immer am letzten Freitag im Monat vorbei«, antwortete die Sachbearbeiterin der Entsorgungsstelle. »Gut«, sagte ich, »dann finden Sie dort meinen Bettrahmen und den Lattenrost an der Zufahrtstraße. Was kostet die Entsorgung?« – »Wir holen Ihre Sachen kostenlos ab.« – »Prima, vielen Dank. Auf Wiederhören.« So, damit war auch das erledigt. Ich war mein altes Bettgestell endlich los. Nun galt es wieder, alle Sachen zusammenzupacken, das vierte Mal schon in den letzten drei Jahren. Aber diesmal war alles anders. Diesmal kamen meine Siebensachen auf den Müll oder ins Möbellager – ich war dabei, Ballast abzuwerfen für meine Reise ans andere Ende der Welt.

Wie hat Ihr soziales Umfeld auf Ihre Entscheidung für die Auszeit in Australien reagiert – Ihre Bekannten, Ihre Familie?

Unter meinen Bekannten gab es einige, die mir davon abgeraten haben: Es sei einfach ein zu hohes Risiko, sich so lange aus dem Arbeitsleben auszuklinken; die Rückkehr ins Berufsleben in Deutschland würde zu schwierig ... und so weiter. Meine Eltern dagegen haben mir immer zu verstehen gegeben, dass sie mich voll unterstützen. Ich habe damals nicht gespürt, ob sie Angst hatten, was mit mir passiert. Sie hatten Vertrauen in meine Fähigkeiten, aus meiner schwierigen Situation wieder herauszufinden. Sicher hat auch eine Rolle gespielt, dass ich für ein halbes Jahr nach Australien ging. Das klang schick, dass ich mir eine solche Auszeit leisten konnte, noch dazu so weit weg – das konnte man auch den Nachbarn gut erzählen. Ein längerer Klinikaufenthalt – beispielsweise in einer auf Psychosomatik spezialisierten Einrichtung – wäre da wohl schon schwerer zu vermitteln gewesen.

Wie haben Sie Ihr Sabbatical organisiert?

Am Anfang wollte ich die gesamte Organisation meines Auslandsaufenthalts an einen sogenannten Ausstiegsberater delegieren. Der Hauptgrund dafür war meine Angst, nun in einem unbekannten Bereich Entscheidungen mit höchstem Risiko treffen zu müssen. Dieses Risiko wollte ich lieber nicht selbst tragen – oder wenigstens nicht alleine. Nach einer Weile habe ich dann aber gemerkt, dass dieses Konzept für mich nicht funktionierte, weil die Arbeitsweise dieses »Ausstiegsberaters« ziemlich intransparent war. Ich habe daher diesen Beratungsprozess abgebrochen und in einem ziemlichen Kraftakt 36 Stunden vor meinem Abflug das meiste noch selbst organisiert.

Etwa acht Monate nach meiner Entscheidung für das Sabbatical war es dann so weit: Ich saß im Flieger nach Sydney. Vieles habe ich dann noch in Australien vor Ort organisiert, hauptsächlich über das Internet.

Welche Empfehlungen für die Organisation eines solchen Aufenthalts würden Sie rückblickend geben?

Wenn man ein Sabbatical in einem Land wie Australien verbringt, muss man nicht alles schon von Deutschland aus perfekt organisieren. Das ist einfach nicht notwendig. Man braucht für die Organisation auch keinen Auslandsberater, denn den Auslandsaufenthalt kann man über die entsprechenden Websites im Internet komplett selbst organisieren – und das mit relativ überschaubarem Zeitaufwand. Selbst wenn nicht alles von Anfang an hundertprozentig klappt: *No worries* – Australien ist ein fehlertolerantes Land. Ich würde eine Mischung empfehlen, eine organisatorische Mischung aus fester Struktur und genügend Freiheitsgraden, um wirklich loslassen zu können. Ich denke, dass Menschen, die aus einer Führungsposition aussteigen, zumindest anfangs eine Struktur für eine solche Auszeit brauchen. Denn als Manager ist man es einfach gewohnt zu planen. Man ist es gewohnt, nach Terminen zu arbeiten, klar definierte Ziele zu haben. Der Übergang vom Job in die Auszeit fällt leichter, wenn diese gewohnten Strukturen nicht quasi über Nacht wegfallen.

Ich habe für mich rückblickend festgestellt, dass ich am

Anfang meines Auslandsaufenthalts – also in den ersten drei Monaten – mit viel Struktur begonnen habe und dann in der zweiten Hälfte des Sabbaticals mit weniger Struktur und weniger Planung zurechtgekommen bin. Wäre ich nur mit zwei Tickets und null Vorbereitung nach Australien geflogen – ich wäre da im Stress versunken, da bin ich mir sicher. Es war für mich schon wichtig, einen ersten Anlaufpunkt zu haben, und sei es nur eine Adresse. Von dort aus habe ich mich dann Stück für Stück aufgemacht, die Freiheit zu entdecken.

Was kostet so ein Sabbatical?

Über die Budgetplanung hatte ich mir im Vorfeld recht gründlich Gedanken gemacht. Diese Vorgehensweise kann ich auch rückblickend sehr empfehlen. Denn so hat man ein solides Fundament für den Auslandsaufenthalt und muss nicht mittendrin überlegen, wie lange man sich das Sabbatical überhaupt noch leisten kann. Die Kosten hängen in erster Linie von folgenden Faktoren ab: Transport, Unterkunft und allgemeine Lebenshaltungskosten für Lebensmittel und so weiter. Ich bin zum Beispiel Business Class geflogen und habe für zweieinhalb Monate einen Mietwagen genutzt. Ich war einmal pro Woche in einem Restaurant essen – wenn man das häufiger tun will, wird die Reisekasse natürlich stärker gefordert. Auf jeden Fall sollte man in die Budgetplanung auch die Versicherungen einbeziehen, die man während des Sabbaticals braucht. Ebenfalls wichtig: Das Kreditkartenlimit. Man kommt vielleicht in die Verlegenheit, einen Arztbesuch bezahlen zu müssen, oder man will ein Hotel, ein Flugticket oder einen

Mietwagen buchen. Da kommen schnell ein paar hundert Euro zusammen. Ein Limit von 3000 Euro sollte die Kreditkarte daher mindestens aufweisen.

Ein Kostenfaktor, den man bedenken sollte, sind auch die Wohnkosten hier in Deutschland. Will man nicht ganz auswandern, sollte man dafür sorgen, dass man während des Sabbaticals weiterhin in Deutschland gemeldet bleiben kann. Gerade für den Kontakt zu Ämtern, Behörden und Banken ist das enorm wichtig, und es erleichtert später die Rückkehr. Man braucht also weiterhin einen Wohnsitz im Heimatland.

Welche Möglichkeiten gibt es, seinen Wohnsitz in Deutschland während des Sabbaticals beizubehalten?

Die kostengünstigste Möglichkeit ist es, sich für die Zeit des Auslandsaufenthalts bei jemandem »einzuquartieren«, dem man absolut vertraut. Dies setzt natürlich zwei Dinge voraus: Zum einen, dass man solch tragfähige soziale Kontakte überhaupt noch hat. Ich sage das bewusst an dieser Stelle, denn das Burn-out führt ja in vielen Fällen dazu, dass diese Kontakte wegbrechen. Zum anderen muss man vorher gründlich Ballast abwerfen – und so habe ich es auch gemacht: Ich habe meine Sachen radikal reduziert und meine Möbel für ein halbes Jahr in einem Möbellager untergebracht. Seit meinem Ausstieg aus dem Job hatte ich natürlich auch keinen Dienstwagen mehr; um die Unterbringung eines Autos brauchte ich mich also nicht zu kümmern. Ich habe dann meine Wohnung gekündigt und bin drei Wochen vor meiner Abreise bei meiner Großmutter »eingezogen« – mit drei Koffern ins Gästezimmer.

Unter dieser Adresse war ich dann auch gemeldet. Sie fand das gut und hat mein Vorhaben unterstützt, für mich war es eine sehr praktische Lösung.

Wenn man eine solche Möglichkeit nicht hat, kann man die eigene Wohnung für die Zeit des Auslandsaufenthalts untervermieten. Gerade in Großstädten gibt es eine Nachfrage nach »Wohnen auf Zeit«, und im Internet gibt es entsprechende Vermittlungsplattformen, wo man sein Wohnungsangebot einstellen kann.

Wie regelt man seine Krankenversicherung während einer solchen Auszeit? Und wie die Sozialversicherung?

Egal, ob man gesetzlich oder privat versichert ist: Das Wichtigste ist, dafür zu sorgen, dass man nicht aus dem Krankenversicherungssystem »herausfällt«. Einem solchen Herausfallen kann man vorbeugen, indem man beispielsweise als gesetzlich Versicherter während des Auslandsaufenthalts freiwillig die Krankenversicherungsbeiträge weiterzahlt – so habe ich es gemacht. Die konkrete Beitragshöhe bestimmt Ihre Krankenkasse. Wenn Sie privat versichert sind, erkundigen Sie sich am besten bei Ihrem Versicherungsberater, ob und wie eine Weiterversicherung möglich ist. Das ist auf jeden Fall einfacher, als nach der Rückkehr aus dem Ausland eine Neumitgliedschaft in der Krankenkasse zu beantragen. Denn sowohl der Einkommensnachweis als auch die meist geforderte Gesundheitsprüfung können gerade in der Wiedereinstiegsphase hohe Hürden darstellen.

Zusätzlich sollte man unbedingt eine Auslandskrankenversicherung abschließen, die länger als die üblichen sechs

Wochen gilt. Eine solche Auslandskrankenversicherung ist schon für rund 40 Euro pro Jahr zu haben und bietet im Krankheitsfall einen guten Versicherungsschutz.

Zum Thema Sozialversicherung: Ich habe bewusst während meines Australienaufenthalts keine Sozialversicherung in Deutschland mehr gezahlt. Dadurch habe ich in meinem Rentenverlauf jetzt eine Lücke von insgesamt sechs Monaten. Diese Lösung ist sicher nicht für jeden die richtige. Für manchen können wichtige Gründe dafür sprechen, die Rentenbeiträge während des Sabbaticals weiter zu zahlen. Am besten erkundigt man sich daher vorher bei der Deutschen Rentenversicherung.

Wie kann man seine Leistungsansprüche gegenüber der Arbeitsagentur sichern?

Auch das ist eine Frage, der man vor dem Sabbatical unbedingt Aufmerksamkeit widmen sollte. In diesem Zusammenhang spielt zum einen die schon erwähnte Sperrfrist eine Rolle, in der man keine Leistungen vom Arbeitsamt erhält, zum anderen die sogenannte Anwartschaftszeit. Auf jeden Fall sollte man sich nach der Kündigung innerhalb der geltenden Frist beim Arbeitsamt melden, um bestehende Leistungsansprüche in vollem Umfang zu sichern.

Zunächst einmal zur Sperrfrist: Sie wird bei Eigenkündigungen fast immer verhängt und beträgt insgesamt drei Monate. Sie beginnt nicht mit dem Tag der Arbeitslosmeldung bei der Arbeitsagentur, sondern automatisch mit dem Datum der Beschäftigungslosigkeit. Wenn man ein Sabbatical im Ausland nimmt, fällt die Sperrfrist also entweder noch in die Vorbereitungsphase oder sogar bereits in die Zeit des Auslandsaufenthalts.

Zur Frage der Anwartschaftszeit: Ein kompliziertes Thema, auf das ich hier nur kurz und sehr vereinfacht eingehen kann. Mit der Anwartschaftszeit steht und fällt Ihr Anspruch auf ALG I. Die Anwartschaftszeit auf ALG I hat man erfüllt, wenn man innerhalb der letzten zwei Jahre vor der Arbeitslosmeldung mindestens ein Jahr lang in einem Beschäftigungsverhältnis gestanden oder Krankengeld bezogen hat.

Im Zusammenhang mit Ihrem Anspruch auf ALG I ist außerdem wichtig: Wenn Sie ein Sabbatical im Ausland planen, denken Sie unbedingt daran, sich vor Ihrer Abreise vom Arbeitsamt abzumelden. Denn indem Sie sich dort abmelden, können Sie Ihren Anspruch auf Arbeitslosengeld vier Jahre lang »konservieren«. Das bedeutet: Nach Ihrer Rückkehr innerhalb dieser Vierjahresfrist können Sie sich wieder arbeitslos melden und haben dann sofort einen entsprechenden Leistungsanspruch auf ALG I – vorausgesetzt, Ihre eventuelle Sperrfrist wegen Eigenkündigung ist zu diesem Zeitpunkt bereits abgelaufen. Wenn Sie sich vor Ihrem Sabbatical nicht vom Arbeitsamt abmelden, bleibt Ihr Anspruch auf ALG I nur für sehr viel kürzere Zeit bestehen.

All diese gesetzlichen Regelungen können sich allerdings jederzeit ändern. Daher gilt grundsätzlich: Informieren Sie sich unbedingt erst auf der Website der Arbeitsagentur über die aktuellen gesetzlichen Bestimmungen.

Eine letzte Frage noch zur Reiseorganisation: Warum haben Sie gerade Australien als Ort für Ihre Auszeit gewählt? Wäre es nicht einfacher gewesen, ins europäische Ausland zu gehen?

Der wichtigste Grund für Australien war, dass ich mich sozusagen selbst überlisten wollte: Ich wollte die Hürde für eine vorzeitige Rückkehr so hoch wie möglich legen. Wenn ich beispielsweise nach Südeuropa gegangen wäre, wäre ich garantiert nach vier Wochen wieder zurückgekommen. Ich wollte aber durch den Prozess der Persönlichkeitsarbeit hindurch, den ich mir vorgenommen hatte. Deshalb bin ich so weit wie möglich weggegangen.

Der zweite wichtige Grund war finanzieller Art. Zu der Zeit, als ich in Australien war, war der Wechselkurs zwischen australischem Dollar und dem Euro so gut, dass meine Lebenshaltungskosten sich quasi halbierten. Ein australischer Dollar entsprach ungefähr 50 Euro-Cent. Das hat mir die Entscheidung für das Sabbatical auch in finanzieller Hinsicht sehr viel leichter gemacht.

Ein dritter Grund, nach Australien zu gehen, war das Wetter. Ich habe damals den Winter übersprungen: Ich bin ja Anfang Oktober nach Sydney geflogen, also im Herbst, wenn es langsam ungemütlich wird hier bei uns in Europa. In Australien war da gerade Sommer. Und das hat wirklich etwas, wenn man Weihnachten vor dem Barbecue-Grill verbringt, in einer wohligen Wärme und bei angenehmem Wetter. Das hat mir sehr viel gebracht. Ich wüsste nicht, wie es mir ergangen wäre, wenn ich die schwierige Zeit nach meinem Zusammenbruch hier in den dunklen Herbst- und Wintermonaten in Europa hätte durchstehen müssen.

TEIL 2

Welcome to Australia

Barrengarry, Sonntag, 9. Oktober

Um mich herum zirpt und quakt es. Von irgendwoher sind unbekannte Vogelstimmen zu hören. Manchmal fährt ein Auto auf der nahe gelegenen Straße am Grundstück vorbei. Ich hatte es mir einsamer vorgestellt. Na ja, vielleicht ist es gut, nicht sofort vollständig aus der Zivilisation zu verschwinden.

Wie sind Ihre ersten Tage und Wochen in Australien verlaufen?

Einerseits sehr positiv. Mein Bedürfnis nach Ruhe, nach Rückzug auf mich selbst erfüllte sich dort quasi vom ersten Tag an. Ich hatte einen Homestay auf einer Farm gewählt. Dort hatte ich die Möglichkeit, in einem Gartenhaus zu wohnen, das so weit vom Haupthaus entfernt stand, dass ich wirklich sagen konnte: »Ich bin nun für mich.« Das hat mir sehr gut getan.

Nachdem ich den üblichen Jetlag verkraftet hatte, fing ich an, mich selber und mein Leben wieder neu zu entdecken. Außer einem kleinen Kurzwellenradio hatte ich keinen direkten Kontakt zur Außenwelt. Ich hatte kein Auto, und der nächste Ort war zu Fuß eine halbe Stunde entfernt. Das war zwar nicht besonders weit, aber immerhin weit genug, um mir dieses Gefühl der selbstgewählten Einsamkeit zu vermitteln.

Ich wohnte also dort in diesem Gartenhaus in Kangaroo Valley, und witzigerweise fing ich ziemlich bald an, einfache handwerkliche Tätigkeiten durchzuführen – Aufgaben, die mir Gudrun, die Besitzerin der Farm, übertrug. Ich fragte sie, was ich Nützliches tun könnte, und sie schien zu erkennen, dass es für mich wichtig war, körperlich zu arbeiten. Sie sagte immer: »Das ist deine Arbeitstherapie!« Meine Tätigkeit bestand jetzt nicht mehr darin, stundenlang vor dem Computer zu sitzen, oder in irgendwelchen Besprechungen. Stattdessen konnte ich jetzt plötzlich wieder Dinge tun, die mir früher Spaß gemacht hatten. Ich fing zum Beispiel an, Gartenmöbel abzuschleifen und zu lackieren. Ich habe mit Holz gearbeitet, habe einen Pferdeanhänger repariert, all solche Sachen.

Und dann der Alltag: Ich fing an, wieder für mich selbst zu kochen – etwas, das ich seit Ewigkeiten nicht mehr getan hatte. Diese eigentlich ganz normalen Tätigkeiten, die für mich viele Jahre lang einfach total weit weg waren oder die ich nur als Last empfand, die erlebte ich jetzt als sehr wohltuend.

In Australien wird es selbst im Sommer schon ab sieben Uhr dunkel. Dafür ist es morgens schon früh um fünf Uhr hell. Abends früh zu Bett gehen und morgens früh aufstehen – das gab meinem ganzen Tagesablauf wieder einen gesünderen Rhythmus. Und mir hat das physisch und psychisch sehr viel besser getan, als nächtelang am Schreibtisch zu sitzen und dann total verschlafen morgens um zehn wie ein Zombie durch die Gegend zu laufen. Das Farmleben hat sozusagen meinen Körper und meine Psyche neu kalibriert.

Andererseits waren gerade die ersten Wochen eine sehr harte Zeit für mich. Denn ich war ja tatsächlich auf Entzug – kaltem Entzug von meiner Arbeitssucht. Nicht mehr telefonieren, kein Computer mehr, keine stundenlangen Meetings mehr, abends nicht mehr vor dem Fernseher abhängen – all das Gewohnte war plötzlich weg. Ich machte in dieser Zeit verschiedene Phasen durch, die alle sehr angstbeladen waren. Fast täglich stellte ich mir in meiner selbstgewählten Isolation die Frage: »Was tue ich hier überhaupt? Was soll das?« Ich grübelte über die Vergangenheit, reflektierte sehr viel darüber, wie es so weit hatte kommen können. Das war ein äußerst schwieriger Prozess. Es brachen sehr, sehr viele Dinge über mich herein – mein bisheriges Wertesystem brach komplett zusammen, wurde radikal infragegestellt. Diese Phase war für mich nicht leicht durchzustehen, aber letzten Endes sehr wichtig.

Nach vier bis sechs Wochen habe ich gemerkt: Jetzt geht es wieder aufwärts. Und dann trat so ein Gefühl ein, das mich eine gewisse Sicherheit zurückgewinnen ließ. Ich fühlte mich von Tag zu Tag einfach wohler. Klar gab es auch dann noch ab und zu Rückfälle, wo das Gehirn sozusagen »alte Filme einspielte«. Doch das Grundniveau, die Basis – die wurde wieder fester, und ich empfand das als sehr, sehr befreiend, als sehr angenehm. Ich konnte mich richtig daran freuen, war sogar ein bisschen stolz auf mich. Manchmal dachte ich: »Es geht ja auch anders, warum nicht schon früher so!« An solchen Tagen fing ich an, mein Leben zu genießen.

Haben Sie in dieser Zeit noch viel an Ihren Ex-Job gedacht?

Anfangs noch ziemlich viel, ja. Diese Erinnerungen waren jedes Mal eine emotionale Achterbahnfahrt. Ungefähr sechs Wochen nach meiner Ankunft hatte ich sogar fast so etwas wie einen Blackout: Ich versuchte krampfhaft, mich daran zu erinnern, wie denn nun meine früheren Mitarbeiter und meine Sekretärin mit Nachnamen hießen, und ich war tatsächlich nicht mehr in der Lage, mich daran zu erinnern. Ich saß auf einem Campingplatz in der Nähe von Perth und wunderte mich darüber, dass ich die Namen nicht mehr abrufen konnte, obwohl ich sonst ein hervorragendes Namensgedächtnis habe. Es kam mir wie eine Amnesie vor, das fand ich schon etwas erschreckend.

Insgesamt gesehen dachte ich in meiner Anfangszeit in Australien häufig an berufliche Dinge. Erst nach ein paar Monaten verblasste das nach und nach, und andere Themen rückten in den Vordergrund, Fragen wie »Was mache ich nach der Auszeit? Wie soll es dann weitergehen?« Mit der Zeit stellte sich dann so eine emotionale Mixtur aus Verdrängung, Anspannung und schließlich auch Loslassen ein.

Haben Sie die Entwöhnung von der Arbeitssucht tatsächlich als »kalten Entzug« durchgezogen – oder mit Hilfe von Medikamenten?

Die Frage nach medikamentöser Unterstützung – etwa durch Antidepressiva – hatte ich mir tatsächlich im Vorfeld ziemlich intensiv gestellt. Auch mein Arzt hatte mich gefragt: »Sollen wir Ihr Vorhaben durch Medikamente absichern, dass während Ihrer Auszeit nichts Kritisches mit Ihnen passiert? Oder wollen Sie es so probieren?« Und ich hörte mich antworten: »Ja, ich möchte das lieber so erleben, ohne Medikamente.« Das war für ihn dann okay.

Insofern war es also wirklich der »kalte Entzug« – mit allen unangenehmen Begleiterscheinungen: Albträume, Verlustängste, Depression. Aber letztendlich war es der richtige Weg für mich. Was ich jedoch ausdrücklich sagen möchte: Ob man sich einer solchen Erfahrung mit oder ohne medikamentöse Unterstützung aussetzt, sollte man auf jeden Fall immer in Absprache mit einem Arzt entscheiden. Alles andere wäre fahrlässig.

Volunteer im Delfin-Center

TAGEBUCH
Koombana Bay, Dienstag, 9. November

*Laureen strahlt, sie hat eine gewinnende Art. Sie gehört
zu den Frauen Ende fünfzig, die mit beiden Beinen im Leben
stehen. Sie wirkt selbstbewusst, sympathisch und ausgeglichen.
Hier im Dolphin Discovery Centre ist sie für uns alle eine
zentrale Figur. Laureen ist verantwortlich für den Verkauf
der Tickets am Frontdesk. Und schon wieder geht die Glastür
auf, zwei neue Besucher kommen ins Delfin-Center, ein Paar
mit roten Wetterjacken im Partnerlook. Die beiden sehen
nicht gerade begeistert aus; sie triefen vor Nässe – draußen
regnet es seit Stunden. »Hallo, guten Tag«, ruft Laureen den
Besuchern entgegen, als wollte sie diese zum Kaffee bei sich
zu Hause einladen. Während sie ihnen erklärt, was das
Center alles zu bieten hat, steigt Bewunderung für sie in mir
auf. »Zehn Prozent von Laureens Soft Skills«, denke ich,
»und ich wäre der Mittelpunkt jeder Party!« Die Besucher
scheinen ihre schlechte Laune vergessen zu haben. Voller Interesse schauen sie sich die einzelnen Ausstellungsstücke an,
plaudern, lachen und stellen Fragen. »Das ist doch die Her-
ausforderung«, sagt Laureen abends zu mir, »selbst wenn
Besucher schlecht gelaunt sind, sie dazu zu bewegen, dass sie
ins Museum kommen, ihren Eintritt bezahlen und vielleicht
noch ein paar Postkarten kaufen.« Sie erzählt mir von Kun-*

den, die sich darüber beschweren, dass sie keine Delfine gesehen haben, und die deshalb ihr Eintrittsgeld zurückhaben wollen. Über solche Leute könnte ich mich endlos aufregen. Wie macht Laureen das nur, dass sie so unverletzlich ist? So unempfindlich gegen dummes Geschwätz, Impertinenz und Blödheit? Um diese Fähigkeit beneide ich sie noch mehr als um ihr Verkaufstalent. »Manchmal«, sagt Laureen, »wenn ich abends nach Hause komme, schlechtes Wetter war und keine Delfine in der Bucht waren, dann bin ich richtig müde – ich merke, ich werde alt!« Sie zwinkert mir zu und lächelt dabei.

Wie ging Ihr Australienaufenthalt dann weiter? Wurde Ihnen die Arbeit auf der Farm nicht irgendwann langweilig?

Nein, das nicht. Aber trotzdem hieß es nach vier Wochen erst einmal Abschied nehmen vom Farmleben, denn ich hatte mich – noch von Deutschland aus – für sechs Wochen als Volunteer in einem Delfin-Center angemeldet.

Die Tätigkeit als Volunteer bereits vor meiner Abreise fest zu vereinbaren, war für mich wichtig. Ich freute mich da richtig drauf. Es wäre für mich kein gutes Gefühl gewesen, wenn ich so einfach ins Blaue hinein nach Australien geflogen wäre. Ich hatte von Anfang an den Anspruch, in Australien nicht nur »herumzuhängen«, sondern auch etwas zu unternehmen. Ich meine das nicht im Sinne von verbissener Berufsentwicklung – davon wollte ich ja gerade weg –, sondern eher das Bedürfnis, einen sinnvollen gesellschaftlichen Beitrag zu leisten. Soziales Engagement war für mich nicht neu: Ich war in der Vergangenheit zum Beispiel schon zweimal in Entwicklungsländer gereist, um dort vor Ort Projekte zu unterstützen. In meiner Tätigkeit als Volunteer im Delfin-Center sah ich nun wieder eine Möglichkeit, mich zu engagieren, in diesem Fall für den Umweltschutz.

Und außerdem hat mich das Thema Delfine auch einfach interessiert. Mit Tieren hatte ich mich schon als kleiner Junge gerne beschäftigt, und dieses Interesse – das jahrelang fast verschwunden war – kam bei meinen Reisevorbereitungen wieder. Von daher war für mich die Mitarbeit in so einem Umweltschutzprojekt genau das Richtige. Ein Delfin-Center – so etwas kennt man ja meist nur aus Fernsehberichten. Jetzt hatte ich die Gelegenheit, das live zu erleben. Das fand ich natürlich super.

Was war das für ein Delfin-Center, in dem Sie als Volunteer mitgearbeitet haben?

Das war das »Dolphin Discovery Centre« in Bunbury. Die Koombana Bay, wo das Delfin-Center liegt, ist einer der wenigen Orte in Australien, wo man wilde Delfine sowohl am Strand als auch auf Schwimm- und Bootstouren beobachten kann. Das Dolphin Discovery Centre ist eine Non-Profit-Organisation mit einer großen Bandbreite an Aktivitäten in den Bereichen Tourismus, Bildung, Umweltschutz und Forschung. Dort arbeiten Meeresbiologen, fest angestelltes Verwaltungspersonal – und eben die Volunteers, deren Beitrag für den Betrieb des Centers ebenfalls sehr wichtig ist.

Welche Aufgaben hatten Sie dort als Volunteer?

Ich war einer der sogenannten »short-term volunteers«. Das sind Leute, die für eine begrenzte Zeit nach Bunbury kommen, um im Delfin-Center mitzuarbeiten. Zu unseren Aufgaben gehörte es, die Touristen in der Ausstellung und am Strand über das Delfin-Center und seine Arbeit zu informieren – vor allem in der »interaction zone«, also dem Strandabschnitt, von dem aus man die Delfine beobachten kann. Wir haben den Touristen gezeigt, wie man Neoprenanzug, Flossen und Tauchermaske benutzt und wie man sich beim »dolphin watching« im Wasser richtig verhält. So mussten wir beispielsweise immer wieder erklären, dass man die Delfine nicht berühren sollte, denn bei der Berührung können für den Delfin gefährliche Bakterien übertragen werden. Oft habe ich mich dabei wie ein Tierpfleger im Zoo gefühlt. Diese neue und ungewohnte Rolle hat mir viel Spaß gemacht.

Insgesamt wird erwartet, dass man sich einbringt und aktiv auf die Arbeit zugeht, wenn man zum Dienst eingeteilt wird. Ich habe zum Beispiel gerne mitgeholfen, den Teich im Eingangsbereich zu vergrößern. Es gab auch immer wieder kleinere Reparaturarbeiten zu erledigen, damit das Center »in operation« blieb.

Neben den »short-term volunteers« arbeiteten auch »long-term volunteers« oder »local volunteers« im Delfin-Center. Das sind Australier, die in der Region von Bunbury wohnen und über längere Zeit ehrenamtlich im Delfin-Center tätig sind. Ihre Aufgabe ist es, die Short-term Volunteers anzuleiten und zu koordinieren. Sie haben viel Erfahrung und ermöglichen so den Neuen einen schnellen Einstieg. Meistens bringen sie ihr Werkzeug mit und kümmern sich um die Beschaffung von Arbeits- oder Baumaterial. Short-term Volunteers und Local Volunteers arbeiten eng zusammen.

In Bunbury sollte man für mindestens sechs Wochen als Volunteer arbeiten, gerne auch länger. Für die Arbeit als Volunteer bekommt man kein Geld. Auch die Unterkunft muss man selbst bezahlen. Aber da man täglich nur etwa vier Stunden arbeiten muss, bleibt noch viel Freizeit, und man macht natürlich viele tolle neue Erfahrungen und lernt auch eine ganze Menge.

Das klingt alles prima. Aber waren Sie durch Ihre Arbeit im Delfin-Center nicht wieder genau in den Strukturen, denen Sie in Ihrem Sabbatical eigentlich entfliehen wollten: Chefs, Kollegen, Kunden, Aufgabenlisten und so weiter?

Diese Frage liegt natürlich nahe. Aber in den ersten Tagen habe ich es gar nicht so empfunden, dass das ähnliche Strukturen sind – dazu war alles noch zu neu und zu exotisch. Denn natürlich macht es einen Unterschied, ob man nächtelang am Computer über einer Präsentation brütet oder an einem strahlenden Sommertag den Touristen am Strand etwas über das Leben der Delfine erzählt.

Aber dann gab es etwas, das mich tatsächlich an meine Erfahrungen in meinem Ex-Job erinnert hat. Und das war Folgendes: Ich hatte wirklich die Chance, mich in das Delfin-Center einzubringen; die Marinebiologen und die Studenten dort haben mich sehr gut integriert, und irgendwann wurde ich gefragt, ob ich nicht das Operation Manual, das Handbuch des Centers, überarbeiten will. Ich habe sofort zugesagt – zum einen, weil mir diese Art von konzeptioneller Arbeit Spaß macht, zum anderen, weil es eine Aufgabe war, die besondere Anerkennung versprach. Etwas Positives, ein Fortschritt, der bleiben würde, wenn ich das Delfin-Center wieder verließ. Da ist sozusagen der Manager in mir wieder aufgeblüht, der sagte: »Komm – da kannst du etwas bewegen!« Und meine Kollegen haben sich darüber gefreut. Zuerst jedenfalls. Aber schon nach kurzer Zeit hat mein Engagement in der Organisation Effekte erzeugt, die mich an meine Job-Erfahrungen in Deutschland erinnerten. Vor allem von den älteren local volunteers bekam ich – wenn auch indirekt – zu hören: »Der kommt von außerhalb, nur für ein paar Wochen, und der darf das – und wir sind schon so lange da und dürfen das nicht!« Das hat auf mich wie ein Dejà-vu gewirkt. Mein erster Gedanke war: »Na, da kannst du mal wieder sehen. Eine ›Firma‹ ist doch wirklich überall gleich, egal auf welchem Kontinent!« Das hat mich erst einmal enttäuscht und frustriert.

Wie sind Sie mit diesem Problem umgegangen?

Ich dachte: »Wenn du diesen Druck jetzt in dich hineinfrisst, dann wirst du hier wieder genau die gleichen Probleme haben wie in Deutschland.« Ich musste also mein Verhalten ändern, damit ich mit den negativen Reaktionen einiger meiner australischen Kollegen umgehen konnte. Ich wollte diesmal den Druck da lassen, wo er hingehörte – nämlich bei meinen Kollegen. Deswegen habe ich sie direkt darauf angesprochen und sie gefragt: »Leute, was ist euer Problem? Ihr seid schon jahrelang in der Organisation Mitglied, und keiner von euch hat es in dieser Zeit geschafft, das Handbuch zu überarbeiten. Jetzt macht ihr mir das zum Vorwurf. Ihr hättet es ja auch überarbeiten können! Ich habe das jetzt übernommen, weil es mir angeboten wurde. Euer Frust ist euer Problem und nicht meines. Und ich werde ihn auch nicht zu meinem Problem machen.« Mir ging es danach besser.

Was kann man aus einer solchen Erfahrung lernen?

Zum einen, dass die Probleme in größeren Organisationen immer ähnlich sind. Ich kam ja aus einer Burn-out-Situation, und in der hatte ich meine Probleme sehr ichbezogen wahrgenommen. Ich dachte, nur mein eigenes Arbeitsumfeld sei so schwierig, und dachte dabei neidisch an andere, die es in ihrem Job viel besser zu haben schienen.

Und zum anderen: Wenn man nicht weiß, wohin man will, nimmt man seine Probleme überallhin mit. Ich habe durch diese Erfahrung gelernt, dass man sich nicht einbilden sollte, persönliche Probleme durch den Wechsel in ein anderes Land lösen zu können. Man sollte nicht denken, dass man nach zwanzig Flugstunden an einen Ort kommt, wo dann einfach die menschlichen Schwierigkeiten, die man mit sich hat, ein für alle Mal verschwinden, nur weil man jetzt ganz woanders ist. Sondern man muss – egal an welchem Ort der Welt – immer wieder seine eigene Einstellung, seine Gedanken, seine Bewertungsmaßstäbe reflektieren und sie gegebenenfalls auch ändern.

Und wie lief die Arbeit an dem Handbuch dann weiter?

Einfach klasse. Ich war ja nun schon fast zwei Monaten lang in Australien, fühlte mich super ausgeruht, hatte wieder klare Gedanken. An diesem Handbuch zu arbeiten, hat mir unglaublich gut getan, weil es so eine interessante und sinnvolle Aufgabe war. Ich habe zusammen mit vielen anderen Volunteers das Skript mehrfach gelesen, wir haben es zusammen immer weiter verbessert, das hat einfach Spaß gemacht. Meine Kollegen waren alle ganz glücklich, als das neue Handbuch fertig war. Und die Anerkennung dafür, das geschafft zu haben, die war natürlich auch sehr schön.

»Opening your heart«

Bunbury, Montag, 7. November

*»Opening your heart ... that is, what you should aim for!«,
höre ich die Stimme neben mir sagen. Ich unterhalte mich
mit Brenda über das Leben und unterschiedliche Lebenskonzepte. Brenda gehört zu den älteren Local Volunteers. Bis zu
ihrer Pensionierung hat sie als Lehrerin gearbeitet. Ich mag
ihre klare und gebildete Art, auch wenn sie manchmal etwas
belehrend sein kann. »Really, do you think? And for this I
have to find the right wife, I think«, erwidere ich in sachlichem
Ton. »Yes – and there are many of them«, sagt sie mit einem
Lächeln. Ich runzle nachdenklich die Stirn. Wenn es um
Liebe und Partnerschaft geht, komme ich mir immer vor, als
verlange jemand von mir, eine chinesische Zeitung zu über-
setzen. Ich weiß doch noch nicht einmal, wie herum ich die
halten soll! Manchmal habe ich das Gefühl, meine mangelnde
Sozialkompetenz sei der Schlusspunkt eines irreversiblen Pro-
zesses. Ich merke, wie es mich anstrengt, immer wieder Kontakte in Internet-Partnerschaftsbörsen anzuschreiben. Wie
muss man denn sein, wie muss man schreiben, damit man
eine Antwort erhält? In solchen Phasen habe ich kein Interesse mehr, mir macht nichts mehr Spaß. »Du versuchst, in
der Bundesliga zu spielen, dabei hast du nicht mal Erfahrung
in der Kreisklasse«, höre ich meinen Bruder sagen. Recht hat*

er. Aber ist das nicht ein Ergebnis, ein logisches Resultat meiner Biografie? Wie bin ich zu dem geworden, was ich bin? Am liebsten würde ich mein Leben zurückdrehen, nicht, um es noch einmal zu leben – nein, um es analysieren zu können. Ich dachte, ich hätte alles mit Bewusstsein getan, aber warum ist mir die Schieflage meiner Sozialkompetenz erst so spät aufgefallen? Oder habe ich sie vielleicht sogar mit Absicht verursacht? Manchmal habe ich keine Lust mehr, über all den Kram nachzudenken. Habe ich meine Ziele für den Aufenthalt hier zu hoch gesteckt? Werde ich meine depressiven Anfälle wieder los? Eine Frage treibt mich immer wieder um: Wie hat es dazu kommen können? Welche Schwäche habe ich, welche Einfallstore gab es, dass ich mich so entwickeln konnte? Manchmal kommt es mir so vor, als hätte ich mich bis heute am wahren Leben vorbeigemogelt: Voller Angst, immer auf der Hut vor der nächsten Gefahr. Opening your heart ... Wenn das nur so einfach wäre!

Wie haben Sie Ihre Erlebnisse und Erfahrungen in Australien verarbeitet? Konnten Sie sich mit jemandem darüber austauschen?

Ja, da war zum einen der Kontakt zu Richard. Wir haben in der Zeit, in der ich auf der südlichen Hemisphäre war, über E-Mail Kontakt gehabt – insgesamt haben wir in dieser Zeit über hundert E-Mails geschrieben. Dieser Austausch war für mich ganz wichtig: Ich wusste, da sitzt jemand zu Hause vor dem Computer und ist mit Rat und Tat zur Stelle, wenn ich nicht mehr weiter weiß. Das war ein bisschen wie »die Hotline nach Hause«.

Als »Ratgeber« zu meinen Fragen und Problemen habe ich auch das Internet genutzt, auch Chats und Foren. Ich wurde regelrecht süchtig danach, war fast jeden Tag im Internetcafé. Obwohl mich diese Abhängigkeit gestört hat, habe ich sie bis zum Schluss nicht ablegen können. Mir war es einfach wichtig, immer wieder durch das Internet und auch durch die Telefonate mit Richard meinem Kommunikationsbedürfnis nachzugehen. Das gab mir ein Stück Sicherheit bei all den Umbrüchen in meinem Leben.

Sonst hatte ich wenig Kontakt nach Deutschland, habe nur zwei oder drei Mal mit meinen Eltern telefoniert. Ich hatte vor meinem Weggang nach Australien auch kaum jemandem meine Lage erklärt, weil ich das Gefühl hatte, dass sowieso niemand verstehen konnte, wie es mir ging.

Das wurde tatsächlich ganz wichtig für mich. Schon Monate vor meiner Abreise hatte mir eine Bekannte gesagt: »Schreib doch ein Tagebuch, wenn du dort in Australien bist!« Natürlich kam von mir zuerst die klassische Reaktion: »So ein Blödsinn, Kinderkram ... Tagebuchschreiben ist was für Mädchen!« So was hatte ich noch nie gemacht. Ich hatte das Gefühl, unfähig dazu zu sein, meine Gedanken und Gefühle schriftlich auszudrücken. Aber schon am zweiten Tag nach meiner Ankunft in Australien habe ich mir tatsächlich ein Heft und ein paar Kugelschreiber gekauft und habe mit dem Schreiben angefangen. Ich hoffte, so meine Gedanken besser ordnen zu können.

Anfangs habe ich mich noch regelrecht dazu zwingen müssen, denn es ging mir nicht leicht von der Hand. Doch schon nach einer Woche war es mir dann ein Bedürfnis, dazusitzen und meine Gedanken zu notieren. Manchmal habe ich sogar mehrere Einträge pro Tag gemacht, und dadurch sind tatsächlich »Steine von meiner Schulter geflogen«. Das Schreiben hat mir große Erleichterung gebracht, manchmal aber auch einen tiefen Schmerz, weil ich mich auch an Dinge erinnerte, die emotionales Leid hervorriefen. Das Tagebuch wurde mein Gesprächspartner, mein Reflektionspartner. Es brachte auch eine gewisse Struktur in die Arbeit an mir selbst – so, wie wenn man sich vornimmt, jeden Tag ein bisschen Sport zu machen. So habe ich jeden Tag ein bisschen an meinem Tagebuch geschrieben, und das hatte etwas sehr Beruhigendes.

Das Schreiben war sicherlich auch ein Teil meiner »Therapie«. Es war einfach die Möglichkeit loszulassen, mit mir selber zu reden. Auch zu erleben, wie das wirkt, wenn ich etwas aufgeschrieben hatte und es dann selber nochmal las. Es ist wie ein Selbstgespräch: Man verarbeitet das Erlebte, indem man es aufschreibt. Im Tagebuch spiegelt sich die individuelle Bewältigungsstrategie. Ein Beispiel: Als Ingenieur bin ich es gewohnt, mir Zusammenhänge grafisch zu veranschaulichen. Genau das habe ich auch in meinem Tagebuch getan, habe beispielsweise versucht, die Phasen meines Abgleitens in die Arbeitssucht grafisch darzustellen. Diese Art der Verarbeitung ist natürlich eine sehr persönliche. Jemand anderes würde das vielleicht ganz anders machen. Ich kann das Tagebuchschreiben während des Ausstiegs auf Zeit jedenfalls nur empfehlen. Mir hat es sehr, sehr viel gebracht.

Das Schreiben wurde tatsächlich zu so einer Art Ritual für mich. Es hat meinen Tagesablauf strukturiert. Von meinem Charakter her fühle ich mich in zeitlichen Strukturen wohl. Deswegen war es für mich wichtig, auch in der völlig neuen Umgebung Rituale zu entwickeln. Ich habe zum Beispiel irgendwann angefangen, mir regelmäßig um fünf Uhr einen Tee zu kochen und dann mit der Farminhaberin einen Plausch auf der Veranda zu halten, wenn sie gerade Zeit hatte. Dieses – eigentlich ja britische – Ritual hat mich an Südeuropa erinnert: Menschen, die draußen an einem Caféhaustisch Schach spielen – oder Boule unter einem großen Baum. Man kommt regelmäßig einmal am Tag zusammen, unterhält sich und geht dann wieder an die Arbeit. Das fand ich sehr schön.

Sie haben berichtet, wie Ihre Arbeitssucht Sie zu einem einsamen Menschen gemacht hat. Und doch sind Sie in Australien in den ersten vier Wochen bewusst in die Isolation gegangen. Warum haben Sie das getan? Wäre es nicht besser gewesen, von Anfang an den Kontakt zu anderen Menschen zu suchen?

Ich verstehe, dass sich das paradox anhört, aber ich wollte tatsächlich in der ersten Zeit bewusst keinen Kontakt. Vor meinem Ausstieg hatte ich beruflich sehr intensiv mit Menschen zu tun gehabt, meist in der Beraterrolle. Davon fühlte ich mich noch immer regelrecht ausgesaugt. Daher ging es mir in der ersten Phase erst einmal darum, sozusagen den Zähler auf null zurückzustellen und mich zu fragen: »Wer bin ich selbst? Was möchte ich selbst? Welche Bedürfnisse habe ich? Wie sehe ich meine Situation und meine Zukunft?« Erst einmal alleine zu sein und mit mir selber eine Lebensgeschwindigkeit zu entwickeln, mit der ich zurechtkomme – das war für mich sehr wichtig.

Und Ihre Tätigkeit als Volunteer im Delfin-Center war sozusagen der erste große Schritt heraus aus der Isolation?

Ja, genau so war es. Ich fühlte mich dort von Anfang an wohl und freute mich jeden Morgen darauf, aus meinem Campingwagen herauszutreten und zum Strand zu den anderen Volunteers zu gehen. Das war eine ganz internationale Gruppe: Schweden, Holländer, Deutsche, Japaner, Südafrikaner, Australier … Frauen und Männer ungefähr im Alter von 20 bis 70 mit den unterschiedlichsten Lebensgeschichten. Die paar Stunden, die wir täglich zusammen verbrachten, unterbrachen auf heilsame Weise meine einsame Grübelei über meine persönlichen Probleme. Auch die Local Volunteers, mit denen ich im Delfin-Center arbeitete, haben mich sehr herzlich aufgenommen. Eine von ihnen nannte mich »the exhausted manager with the inner joy« – ein »nickname«, den die anderen dann übernommen haben. Ihre menschliche Wärme und ihr Humor haben mir gut getan.

Doch es gab noch ein anderes, weitergehendes Thema, das in Australien immer wichtiger für mich wurde: das Thema Liebe und Partnerschaft. An diesem Punkt muss ich etwas ausholen. Dieses Thema hat für mich in Australien deshalb eine sehr große Dimension bekommen, weil es in der Vergangenheit bei mir absolut unterrepräsentiert gewesen war. Weil mein Leben in Deutschland außer Balance war, hatte ich dort nie in einer Partnerschaft gelebt. Ich sah mich als jemand, den man landläufig als »erfolgreichen Single« bezeichnet. In meinem Berufsleben schien dieser »Gefühlskram« wenig Platz zu haben. Jetzt, in Australien, hatte ich endlich einmal Zeit, darüber nachzudenken, warum Liebe und Sex in meinem Leben so gut wie keine Rolle spielten. Und diese Gedanken begleiteten mich permanent. Ich stellte mir groteske Fragen, etwa: »Kann der Mensch grundsätzlich ohne Liebe und ohne Partnerschaft sein?« Mönche lebten ja schließlich auch so. Aber je mehr ich nachdachte, desto schmerzlicher kam ich zu der Erkenntnis, dass der Mensch ohne Liebe nicht leben kann. Ich zumindest, das wurde mir klar, konnte es nicht mehr.

Mir wurde klar, dass ich auf diesem Gebiet ein absolutes Defizit hatte, und dass ich daran arbeiten musste, wenn ich etwas verändern wollte. Der Anfang dieser »inneren Arbeit« war sehr, sehr hart. Denn ich hatte es verlernt, auf

Menschen zuzugehen, vor allem auf Frauen, oder in mancher Hinsicht diese Fähigkeit gar nicht erst entwickelt. Das zu erkennen, hat mich natürlich wahnsinnig frustriert und zuweilen sehr traurig gemacht. Ich entdeckte sozusagen immer mehr, in welchem Zustand ich eigentlich war. Das war alles andere als erfreulich. Ich habe mich dann bewusst den Situationen ausgesetzt, die ich vorher gemieden habe, und bin aktiv auf Frauen zugegangen. Aus diesen Erfahrungen habe ich versucht zu lernen.

Diese Veränderung in meinem Leben machte ich sozusagen zu meiner neuen Aufgabe. In all den Jahren vorher war ich damit ausgelastet gewesen, meine beruflichen Dinge zu erledigen. Da hatte ich ja immer eine nette Ausrede, wenn mich jemand fragte, warum ich Single sei: »Tja, keine Gelegenheit!« Aber hier in Australien war die Gelegenheit nun quasi rund um die Uhr vorhanden. Das setzte mich natürlich auch wieder unter Druck. Jetzt gab es keine Ausrede mehr, nichts zu unternehmen. Ich konnte mich selbst nicht mal mehr dafür bedauern, wenn ich nichts tat. Also begann ich, mich intensiv mit dem Thema zu beschäftigen. Ich konfrontierte mich mit meinem Defizit und meiner Unfähigkeit. Das war alles andere als einfach – aber immerhin ein Anfang.

Neue Welt – Alte Welt

»Okay, Leute, dann werde ich euch jetzt was über Stöcke und Steine erzählen«, sagt Jeff. Jeff ist unser einheimischer Tourguide. Er hat dunkle Haut und schwarze, rastaähnliche Haare. Durch seine schlaksigen Bewegungen wirkt er sehr jugendlich. Unsere kleine Gruppe folgt ihm durch das Gestrüpp; bei einem kleinen Unterstand machen wir halt. »Bitte setzt euch, aber verrückt mir nicht die Möbel«, ruft er uns ironisch zu und zeigt dabei auf ein paar im Kreis liegende Baumstämme. »Über dieses Land kann man eine Menge erzählen«, beginnt Jeff. »Vielleicht habt ihr ja auch schon einiges gehört? Ich möchte euch nicht langweilen, deshalb gleich zu Anfang meine Bitte: Fragt mich, wenn ihr etwas genauer wissen wollt.« Alle haben mittlerweile einen Platz gefunden und schauen den Tourguide erwartungsvoll an. Jeff erklärt: »Seht mal, unsere Kultur war sehr einfach. Viele Dinge waren nicht vorhanden, weil sie schlicht nicht notwendig waren. Sie hatten einfach keine Bedeutung. Zum Beispiel gab es in unserer Sprache keine Wörter für Zahlen. Wenn man also das Alter einer Person bestimmen wollte, so musste man es durch andere Adjektive oder durch die Betonung ausdrücken. So wie ihr sagt, ›it's a looong way‹.« Für einen kurzen Augenblick denke ich: Was für eine schöne Art und Weise, mit dem Alter

einer Person umzugehen, indem man es umschreibt, anstatt
eine Zahl zu nennen! Es lässt sich so doch viel mehr Qualität
in die Aussage bringen als mit einer bloßen Zahl. »Sprache
und Lebensweise hängen eng zusammen«, fährt Jeff fort, »und
deshalb sage ich: Zahlen haben uns erst den Stress gebracht,
den wir heute haben. In unserer Kultur gab es deshalb ein
stressfreies Leben, weil sie frei von Zahlen war. Die Zeit war
sozusagen auf unserer Seite. Klar, ihr könnt ohne Zahlen
nicht leben! Auch ich kann ohne Zahlen nicht mehr leben,
aber denkt doch mal darüber nach, welche Auswirkungen das
Vorhandensein von Zahlen auf unser Leben hat.« Es ist still
in der Runde. Ich schaue mich um. In den meisten Gesich-
tern lese ich Unverständnis, in einigen auch Ärger. Aber niemand sagt oder fragt etwas. »Seht, weil wir Zahlen haben«,
höre ich Jeffs ruhige Stimme, »müssen wir jetzt weitergehen.
Wir haben noch eine Stunde, bis euer Bus euch am Tourende
wieder abholt. Ich hätte gerne noch mehr erzählt, aber das
geht jetzt leider nicht.« Schade, denke ich, manchmal wäre es
wirklich gut, die Zeit mal anhalten zu können. »Das Land
und die Menschen waren gesund, deshalb werdet ihr in unserer Sprache auch kein Wort für ›Arzt‹ finden«, beendet Jeff
seinen kurzen Vortrag. »Das Leben war sehr hart, aber auch
einfach und im Einklang mit der Umwelt. Die Wüste ist wie
ein Supermarkt mit vollen Regalen. Man muss sie nur sehen!«
Ich merke, wie es in der Gruppe anfängt zu murmeln. Den
meisten hier scheinen die Ansichten von Jeff eher auf die Ner-
ven zu gehen. Mir nicht. Wieder einmal bin ich der Außenseiter. Aber diesmal macht es mir nichts aus. Mir gehen jede
Menge Fragen durch den Kopf, die ich Jeff gerne stellen würde.
Aber unsere Zeit ist vorbei, und wir machen uns auf den
Rückweg durch den Busch.

Wie haben Sie die australische Kultur erlebt?

Australien war für mich in mehrfacher Hinsicht ein Einblick in eine andere Kultur – oder, genauer gesagt, andere Kulturen. Denn ich hatte mich mit meinem Weggang aus Deutschland ja nicht nur für einen anderen Kontinent entschieden, sondern auch für ein ganz einfaches Landleben. Noch dazu in einem Land, in dem selbst zwei höchst unterschiedliche Kulturen nebeneinander existieren: die angelsächsisch geprägte Kultur der weißen Mehrheit und die Kultur der Ureinwohner, der sogenannten Aborigines.

Dort haben die Begriffe Lebensstandard und Lebensqualität für mich eine ganz andere Bedeutung bekommen: Ich habe in meinem »neuen Leben« in Australien einfach gemerkt, wie viel mehr Lebensqualität sich erzeugen lässt – auch mit oder gerade bei geringerem Lebensstandard. Das fasziniert mich bis heute an diesem Land. Mein Eindruck ist, dass es in Australien mehr mögliche Lebenskonzepte gibt als in Deutschland. Es gibt sozusagen mehr Zwischenstufen zwischen den beiden Extrema auf der sozialen Skala. Ich denke da an den Zahnarzt in Perth, der morgens mit dem Fahrrad in seine Praxis fährt, oder an den Rechtsanwalt in Nowra – einer australischen Kleinstadt –, der aus einem verbeulten Mittelklassewagen aussteigt. Hier in Deutschland wäre so etwas nicht so leicht vorstellbar, zumindest nicht außerhalb der Großstädte. Das passt einfach nicht ins Bild der bürgerlichen Mittelschicht.

Statussymbole wie etwa ein schickes Auto haben in Australien eine geringere Bedeutung als in Deutschland; in Australien sind sie oft geradezu verpönt. Will man in Deutschland auf Statussymbole verzichten, muss man in der Regel sehr viel Energie auf entsprechende Rechtfertigungen verwenden oder seine Außenseiterrolle einfach ertragen. Das ist in Australien anders. Dort steht eher das Motto »Leben und leben lassen« im Vordergrund. Ich finde das sehr angenehm – man hat dort einfach mehr Wahlmöglichkeiten, wie man sein Leben gestalten möchte.

Was hat Ihnen an Australien am besten gefallen?

Eine gewisse Mentalität des »take it easy«. Das bedeutet nicht, dass die Australier weniger Probleme sehen als zum Beispiel die Deutschen – aber sie gehen anders damit um. Ich finde, hier in Deutschland setzen wir uns häufig selbst permanent unter Druck: Noch mehr zu verdienen. Das nächste tolle Projekt zu akquirieren. Noch eine Stufe auf der Karriereleiter hochzuklettern und so weiter.

In meinem beruflichen Umfeld kann ich oft zwei extreme Verhaltensweisen beobachten: Die einen rennen ihrer Karriere hinterher, halten sich für unentbehrlich und sind dabei für ihr berufliches und privates Umfeld schwer zu ertragen. Sie leben, als ob sie sich permanent selbst etwas beweisen müssten. Obwohl der persönliche Preis, den sie für ihr Leben auf der Überholspur zahlen, irgendwann immer höher wird, finden sie immer Gründe, warum sie nicht mehr innehalten können. Die anderen haben schon die Erfahrung gemacht, dass diese Lebensgeschwindigkeit auf Dauer nicht durchzuhalten ist, und ihre Konsequenzen daraus gezogen. Mit dieser Erkenntnis scheinen sie aber auch nicht viel besser klarzukommen: Manche werden zynisch und bitter, oder sie arbeiten sich mit einer latenten Aggressivität unversöhnlich durch ihre Welt. Beide Verhaltensweisen wirken jeweils auf ihre Art verkrampft.

Deshalb fiel mir – wie übrigens vielen Deutschen, die Australien bereisen – die schon erwähnte »take-it-easy mentality« sehr deutlich auf; wahrscheinlich, weil sie in so starkem Gegensatz zu unserer Mentalität steht. »No worries« und »stay happy« – diese beiden Redewendungen hört man in Australien oft. Am Anfang hatte ich ein bisschen Schwierigkeiten damit, aber nach und nach merkte ich, wie entspannend eine solche Haltung sein kann. Denn wenn ich mir weniger Druck mache, dann gebe ich auch weniger Druck an andere weiter. Und wenn ich selbst zu mir freundlicher bin, dann bin ich auch zu anderen freundlicher. Und dann sind auch wiederum andere zu mir freundlicher. Es klingt banal, aber ich finde, in diesem Sinne kann die Haltung »take it easy« die Lebensqualität beträchtlich steigern.

Welchen Lebensstandard haben die Australier?

Allgemein kann man sagen, dass der australische Lebensstandard ähnlich hoch ist wie der in Deutschland. Das sagt zumindest die Statistik. Allerdings zeigt die auf die jeweiligen Staaten bezogene Statistik natürlich nur die Durchschnittswerte, so dass beispielsweise regionale Unterschiede unberücksichtigt bleiben, wie etwa die zwischen Stadt und Land. Und genau diese regionalen Unterschiede fand ich schon recht groß. Denn ich bin ja aus einer sehr wohlhabenden, städtischen Region in Deutschland nach Australien aufs Land gegangen.

Dazu eine kurze Anekdote: An meinem ersten Tag in dem Häuschen auf der Farm entdeckte ich im Badezimmer einen Wasserhahn mit zwei Drehknöpfen: ein blauer für Kaltwasser und ein roter für Heißwasser. »So was habe ich ja schon lange nicht mehr gesehen«, dachte ich erst ein bisschen geringschätzig. Doch ich gewöhnte mich schnell daran, und schon nach kurzer Zeit stellte ich fest: Man braucht eigentlich keine Mischbatterie für 600 Euro im Badezimmer. Das muss nicht unbedingt sein. Loslassen können, nicht alles so wichtig nehmen, auch einfache Dinge sehr viel mehr wertschätzen können: All das habe ich während meines Farmaufenthalts in Australien gelernt. Und das hat mein Wertesystem wirklich verändert. Mir ist heute Lebensqualität viel mehr wert als irgendein materielles Gut, von dem ich vielleicht vorher geglaubt habe, es mir leisten zu müssen, um damit ein Defizit zu kompensieren. Von diesen »Kompensatoren« gab es für mich eine ganze Menge: zum Beispiel ein teures Auto, Maßanzüge oder exklusive Urlaube. Diese Dinge bedeuten mir heute weniger – und ich bin glücklich, nicht mehr so darauf angewiesen zu sein.

Könnte man sagen, die Australier haben eine bessere Work-Life-Balance?

So pauschal lässt sich das sicher nicht sagen. Aber die Lebensgeschwindigkeit in den Gegenden, wo ich mich aufgehalten habe – wie gesagt war das außerhalb der Großstädte – ist tatsächlich eine andere. Viele Menschen, die ich dort getroffen habe, haben einen Lebensstandard vergleichbar mit unserem aus den Siebziger- oder Achtzigerjahren und sind damit völlig zufrieden. Die entscheidende Frage ist meiner Meinung nach: Wie viel quetscht man noch aus sich und seinem Umfeld heraus, um auf einen noch höheren Standard zu kommen? In Australien heißt die Antwort auf diese Frage öfter als bei uns: »Mehr als das, was ich habe, brauche ich nicht, und damit lasse ich es mir jetzt gutgehen.«

Beim Thema Work-Life-Balance muss ich an Gudrun denken, meine Homestay-Gastgeberin in Kangaroo Valley. Sie ist selbstständige Gartenbauarchitektin und sagte mal zu mir, Urlaub bedeute ihr nicht mehr so viel wie früher. Sie sei einfach nicht mehr so erholungsbedürftig, weil sie für sich entschieden habe, dass sie nicht mehr jedes Geschäft machen müsse. Das hat mich sehr beeindruckt. Und Gudrun kann schon sehr gut einschätzen, was es bedeutet, sich selbst zu ernähren. Sie ist Deutsche und Ende der Achtzigerjahre nach Australien ausgewandert. Nach ihrem Studium in Melbourne hat sie in Sydney eine Firma mit mehreren Angestellten aufgebaut, zusammen mit ihrem damaligen Ehemann. Einige Jahre später trennte sie sich von ihrem Mann, zog aufs Land und bewirtschaftet seitdem dort eine große Farm.

In dem schwachen Sozialsystem, das Australien hat, ist der Anspannungsgrad für Selbstständige sicherlich noch ein höherer als hier in Deutschland. Aber Gudrun weiß auch genau, dass man gerade deshalb darauf achten muss, sich nicht zu überlasten. Sie sagt: »Ja, ich könnte noch mehr Geld verdienen. Ich mache es aber nicht, weil ich weiß, dass ich dann wieder meine Anspannung im Beruf durch andere Dinge kompensieren muss.« Wie Gudrun kann man in Australien bewusst eine Lebensform wählen, die niedrigere Ansprüche, aber auch weniger Anspannung bedeutet. Mir haben viele deutsche Auswanderer erzählt, dass sie einen solchen Lebensstil in Deutschland nicht realisieren könnten.

Um es klar zu sagen: In den australischen Großstädten

sieht das sicher anders aus. Wenn man in Sydney wohnt und in einem Unternehmen arbeitet, da treten sicher in etwa die gleichen Probleme und Phänomene auf wie in der europäischen Arbeitswelt: immer größere Arbeitsverdichtung, hohe Renditeerwartungen der Shareholder und so weiter. Untersuchungen zeigen, dass es das Burn-out-Syndrom auch in Australien gibt, durchaus in vergleichbarem Maße wie hier in Deutschland. Australien ist kein Paradies, wo alles von alleine geradeaus läuft und alle nur glücklich und zufrieden sind.

Aber ich habe eben auch australische Lebenskonzepte kennengelernt, in denen eine gute Work-Life-Balance im Mittelpunkt steht. Ich habe Menschen kennengelernt, die einen weitaus niedrigeren Lebensstandard haben als den, den ich zu der Zeit hatte und heute noch habe – bei denen ich aber das Gefühl hatte, dass ihre Lebensqualität höher war als meine.

Es gibt Menschen in Australien, die haben ein Jahresnettoeinkommen von nur 11 000 Euro zur Verfügung, leben in ihrem eigenen Haus und fahren ein altes Auto. Sie nehmen am gesellschaftlichen Leben aktiv teil, sind nicht auf staatliche Alimentierung angewiesen und haben deshalb auch nicht das Image von Sozialhilfeempfängern. Stellen Sie sich dagegen vor, wie man hier in Deutschland mit solch einem Einkommen leben würde. Ich habe gemerkt, dass diese Lebensform in Australien nicht nur deshalb möglich ist, weil die Menschen, die so leben, sich bewusst dafür entschieden haben – sondern auch, weil die Gesellschaft um sie herum viel toleranter ihnen gegenüber ist. Sicher ist ein solcher Lebensstil nicht jedermanns Sache. Aber die Möglichkeit, sein Leben inmitten der Gesellschaft so gestalten zu können, finde ich attraktiv.

Begegnungen unterwegs

»Und wo kommen Sie her?«, frage ich das Paar, das im Souvenirladen vor mir in der Kassenschlange steht. »Aus der Schweiz«, entgegnet die Frau. Ich stutze. Ihre Aussprache klingt eher hochdeutsch, jedenfalls keine Spur schweizerisch. Ihr Mann sagt gar nichts und blickt eher mürrisch drein, und damit ist unser Gespräch auch schon beendet. Später sehe ich die beiden am Strand wieder und spreche sie nochmal an. Ich bin neugierig, ob sie nicht doch Deutsche sind. Diesmal sind sie etwas gesprächiger, und meine Vermutung bestätigt sich: Ich erfahre, dass sie vor zehn Jahren aus Deutschland in die Schweiz gezogen sind. Er hat dort einen guten Arbeitsvertrag als Elektriker in einer Firma für Anlagenbau. Was sie beruflich macht, bleibt unklar. Beide wirken ziemlich unzufrieden – eine Erfahrung, die ich mit den meisten deutschen Urlaubern hier mache. Er möchte gerne einmal eine Zeitlang für seine Firma in Australien arbeiten, in der Niederlassung in Perth, doch irgendwie scheint das nicht zu klappen. »Immer werden nur die Jungen promotet, mich lassen sie einfach nicht ins Ausland gehen«, sagt er. Er klingt resigniert. Dann reden wir über die schwierige Wirtschaftslage in Deutschland und über die Frage, ob sie eines Tages vielleicht zurückkommen wollen. »Nein, wir bleiben in der Schweiz. Wir könnten ja

jetzt sogar Schweizer Pässe beantragen, aber wir behalten lieber erst mal den deutschen Pass. Man weiß ja nie ...«, sagt die Frau mit einem Lächeln. Genau, denke ich, sich davonmachen, über das eigene Land schlecht reden, aber sich immer noch ein Hintertürchen offenhalten: Das ist genau die Mentalität, die unsere Gesellschaft weiterbringt! Ich merke, wie ich langsam sauer werde. »Willst du nicht nochmal ins Wasser, um mit den Delfinen zu schwimmen?«, fragt die Frau ihren Ehemann. »Schwimmen kann ich auch zu Hause«, lehnt er müde ab. Ich frage ihn, ob er etwas von den Erklärungen des Meeresbiologen zu den Delfinen verstanden hat. »Null«, entgegnet er. »Ich verstehe kein Englisch.« Du armer Irrer, denke ich, und da wunderst du dich, dass deine Firma dich nicht ins Ausland schickt? Ich übersetze ihm einiges von dem, was der Biologe gesagt hat. An seiner Unzufriedenheit ändert das nichts. Jetzt habe ich endgültig die Nase voll. Ich verabschiede mich höflich und gehe zurück zum Delfin-Center, um dort noch ein paar Dinge zu erledigen. Hoffentlich habe ich in Zukunft weniger mit solchen Menschen und Charakteren zu tun! Nach Begegnungen wie diesen mag ich gar nicht mehr an Deutschland denken.

Wenn man länger im Ausland lebt, verändert sich ja auch die Sicht auf das eigene Land. Wie haben Sie die Deutschen in Australien erlebt?

»Die Deutschen« kann ich so pauschal nicht sagen, denn da gab es sehr unterschiedliche Gruppen: Touristen, »Auszeiter«, Aussteiger, Auswanderer. Als Volunteer im Delfin-Center hatte ich natürlich vor allem mit Touristen zu tun, also auch mit deutschen Touristen. Als »Teilzeit-Aussteiger« habe ich später aber auch Kontakte zu anderen Aussteigern geknüpft, also zu Deutschen, die nach Australien ausgewandert waren oder das gerade vorhatten.

Zuerst zu den Touristen: Wenn ich die Menschen aller Nationen, die ich am Strand getroffen habe, in ihrer Einstellung vergleiche, dann muss ich leider sagen: Die meisten Deutschen waren wahre Meister darin, im Gespräch alle Ausprägungen von schlechter Stimmung zu verbreiten, angefangen von einfach nur mieser Laune bis hin zu einer massiven Bitterkeit. Das fand ich sehr erstaunlich, zumal diese Leute ja im Urlaub waren, also in der so vielgepriesenen »schönsten Zeit des Jahres«. Manchmal hatte ich wirklich ein Problem mit meinen eigenen Landsleuten, weil ich immer dachte: »Mensch, es ist schon fast peinlich, denen so zuzuhören – über was jammern die jetzt eigentlich?«

Bezeichnend war auch, wie die deutschen Touristen, denen ich meine Geschichte erzählte, darauf reagierten. Die meisten ergingen sich in Mitleidskaskaden und Horrorszenarien, was mir denn nun alles passieren würde, wenn ich wieder nach Deutschland zurückkäme. Da fiel das Wort »Sozialhilfeempfänger« genauso oft wie das Wort »Außenseiter«. Nur die wenigsten haben gesagt, dass mich meine

Aktion sehr viel Mut gekostet haben müsse und sie das auch gerne getan hätten. Wie auch immer die Reaktion ausfiel: Meist hatte ich den Eindruck, dass meine Landsleute mit meiner Geschichte nicht gut klarkamen. In deren Augen war ich das »enfant terrible«, der total Verrückte, der Außenseiter.

Zusammengefasst kann ich meine Eindrücke von den deutschen Touristen so beschreiben: Meist sehr schlecht gelaunt, bitter, klagend. Die wenigsten begeisternd und Mut machend. Ich hatte immer das Gefühl, die sind vor irgendetwas auf der Flucht.

Haben solche Gespräche Sie nicht entmutigt?

Entmutigt: nein. Aber Angst gemacht haben sie mir schon. Denn was die Zukunftsängste anbetrifft, muss ich sagen, die begleiten einen natürlich. Die hatte ich immer wieder, auch während meiner Auszeit. Natürlich machte ich mir Gedanken darüber, wie es für mich weitergehen sollte. Und wenn ich dann mal wieder von einem Landsmann zu hören bekam, was ich denn hier für einen Quatsch veranstalten würde und dass ich damit meine Zukunft vollkommen ruinieren würde, dann wurde mir schon etwas mulmig. Nach solchen Gesprächen fragte ich mich immer: »Wie lange kann ich noch von meinem Geld leben, wann sollte ich spätestens wieder arbeiten?« Und irgendwann war es auch nicht mehr nur die finanzielle Frage, die ich im Kopf hatte, sondern einfach auch: »Wie lange darf ich überhaupt noch Pause machen?« Denn ich hatte auch gelesen, dass man sich nach einer gewissen Zeit mit jedem Monat im Ausland seinem Herkunftsland immer mehr entfremdet. Die Gefahr wird größer, dass man sich bei der Rückkehr nicht mehr integrieren kann. Davor hatte ich natürlich Angst – ohne Frage.

Haben Touristen aus anderen Ländern anders auf Ihre Geschichte reagiert?

Ja, auffallend anders war die Reaktion der Nordamerikaner. Ich habe sehr viele ältere Leute getroffen, die von meinem Sabbatical richtig begeistert waren. Lebenslustige, mutige, sehr viel Zuversicht ausstrahlende Menschen, die mir sozusagen auf die Schulter geklopft und gesagt haben: »Mann, Sie sind ein Abenteurer! Großartig!« Bei denen spürte ich den vielzitierten amerikanischen Pioniergeist. Die haben sich richtig mit mir gefreut.

Asiatische Touristen dagegen haben den Begriff »Sabbatical« meist nicht so richtig einordnen können, was angesichts der dortigen Unternehmenskultur nicht weiter verwunderlich ist. Ich habe das Thema ihnen gegenüber irgendwann gar nicht mehr angesprochen.

Sie erwähnten anfangs auch Kontakte zu anderen deutschen Aussteigern und Auswanderern. Welche Erfahrungen haben Sie mit diesen Deutschen gemacht?

Die Gespräche mit ihnen waren meist erfreulicher als die mit den deutschen Touristen. Zum einen waren sie meist einfach besser gelaunt, zufriedener mit ihrem Leben, auch wenn mir manche von ihnen eher chaotisch vorkamen. Zum anderen konnte ich natürlich auch von ihnen lernen.

Sehr gut erinnere ich mich zum Beispiel an ein Gespräch mit einem Deutschen aus Baden-Württemberg, der mir beschrieb, wie es ihm ergangen war, als er in Australien feststellte, dass er auch dort seinen Lebensunterhalt verdienen konnte. Er arbeitete in Australien freiberuflich als Kameramann. In Deutschland war er bei der Feuerwehr gewesen, ein Beruf, den er inzwischen ganz aufgegeben hatte. Mit leuchtenden Augen schilderte er mir, wie er zu seiner – wie er sagte – »persönlichen Unabhängigkeit« gelangt war. Das Gespräch mit ihm war sehr interessant für mich. Ich erfuhr von ihm, was mich vielleicht noch erwartete, wenn ich länger in Australien bliebe – und auch, welche Albträume und Ängste er am Anfang durchgestanden hatte. Er beschrieb genau die gleichen Ängste, die ich auch hatte. Aus seiner Geschichte habe ich gelernt, und sie hat mir Mut gemacht.

Lost in Translation

TAGEBUCH
Auckland, Freitag, 20. Januar

»Ein schöner Hund«, sage ich zu Svenja. Ich sitze draußen vor der Sprachschule in der Sonne auf einem der klapprigen Holzstühle und versuche, ein paar neue englische Redewendungen zu lernen, die ich mir auf Kärtchen notiert habe. Svenja ist Anfang zwanzig, sie studiert in Auckland und jobbt nebenbei am Empfang der Sprachschule. Sie hat gerade Mittagspause und schlendert mit ihrem Hund Richtung Strand. »Er heißt Youri« antwortet sie. »Wie schreibt man das?«, will ich wissen. Ich bin mir nicht sicher, ob ich sie richtig verstanden habe. »Y-O-U-R-I«, buchstabiert Svenja und erklärt: »Das ist ein Aborigine-Wort. Es bedeutet: ›hören‹«. Ein schöner Name, denke ich. Svenja setzt sich neben mich und beißt in einen Apfel. Youri hechelt in der Mittagshitze und sieht mich neugierig an. Ich mag Youri, er bellt nicht, springt einen nicht an und leckt einem nicht das Gesicht ab, wie viele Hunde es leider tun. Er ist ein Mischling, aber mit seinem glänzenden rotbraunen Fell sieht er aus wie ein Labrador. »Hast du den Hund schon lange?«, frage ich. »Nein, erst seit letztem Sommer. Wir haben ihn am Strand gefunden«, sagt Svenja, »abgemagert, einfach ausgesetzt.« Scheiß-Gesellschaft, denke ich, wie können Menschen nur so was tun? »Wir haben ihn mit nach Hause genommen und

mussten ihn erst einmal zwei Wochen lang aufpäppeln. Am Anfang hat er sich kaum getraut zu fressen. Nur ganz langsam hat er wieder Vertrauen zu Menschen gefasst. Und als sich nach drei Monaten immer noch keiner beschwert hat, war es unser Hund. Mittlerweile hat er einen richtigen Beschützerinstinkt entwickelt«, lacht sie. »Glück für Youri«, antworte ich. Ich lege meine Vokabelkarten zur Seite und genieße die Sonne. Youri liegt neben meinem Stuhl auf dem Rasen, sieht hin und wieder zu mir herauf, so als wolle er sagen: »Jetzt achte ich auch auf dich!« Ich streiche über sein dichtes Fell. Heute geht es mir gut, ich habe das Gefühl, langsam rauszukommen aus meinem Schneckenhaus.

Die sechs Wochen im Delfin-Center sind sicher schnell vergangen. Wohin ging Ihre Reise dann?

Ja, die Zeit im Delfin-Center ging tatsächlich wie im Flug vorbei. Schon vor meinem Weggang aus Deutschland war mir klar, dass ich die Mischung aus fester und flexibler Tagesstruktur vermissen würde – also habe ich mir überlegt, was ich danach tun könnte, um meine Zeit im Ausland weiter sinnvoll zu verbringen. Ich meldete mich noch von Deutschland aus zu einem sechswöchigen Business-Englisch-Kurs in Neuseeland an, genauer gesagt in Auckland.

Natürlich wurde ich immer wieder gefragt: »Du hast doch acht Jahre internationale Berufserfahrung – wozu brauchst du da noch einen Englischkurs, noch dazu ausgerechnet in Neuseeland?« Das hatte mehrere Gründe. Zum einen hat mich Neuseeland schon immer interessiert, und von Australien aus war dieses Ziel ja nun nicht mehr weit. Der Wechselkurs des neuseeländischen Dollar gegenüber dem Euro war ähnlich günstig wie der des australischen Dollar, so dass die Sache auch finanziell machbar war.

Zum anderen ging es mir nach wie vor darum, mich persönlich weiterzuentwickeln. Ich schaute mir meine bisherige »soziale Lernkurve« seit Beginn des Sabbaticals an, und die zeigte ganz klar: Ich muss weiterhin genau das tun, was ich vorher in meinem »ersten Leben« am meisten vermisst oder gemieden habe. Immer dann, wenn ich mich getraut habe, bewusst den Kontakt zu Menschen zu suchen, habe ich mich verändert. Also kam ich auf die Idee, diesen Sprachkurs zu buchen, um mein Englisch zu verbessern und um regelmäßig mit anderen Leuten zusammen zu sein. Und wo geht beides besser als in einer Schule?

Rückblickend betrachtet, habe ich sozusagen meine Dosis an menschlichen Kontakten stufenweise gesteigert: Am Anfang stand die wochenlange selbstgewählte Einsamkeit auf der Farm, dann kam die Arbeit im Delfin-Center mit den Kontakten zu den anderen Volunteers und den Touristen – und schließlich der Sprachkurs, bei dem ich mich erstmals wieder in eine Gruppe integrieren musste. So war der Kurs für mich Persönlichkeitstraining und Weiterbildung zugleich. Und ich hoffte natürlich, dass das Ganze mir auch Spaß machen würde.

Wie hat Ihnen der Sprachkurs dann gefallen, den Sie ausgesucht hatten? Haben sich Ihre Erwartungen erfüllt?

Meine Erwartungen erwiesen sich erst einmal als total unrealistisch. Am ersten Tag war ich mehr als überrascht, wie jung die meisten Kursteilnehmer waren. An der Schule waren rund 150 Studenten eingeschrieben, die meisten zwischen 18 und 25, etwa zwei Drittel davon Frauen. Mit meinen 40 Jahren kam ich mir da manchmal uralt vor. Ich hatte mit Absicht einen Business-Kurs für Fortgeschrittene gebucht und hatte erwartet, da wieder auf die üblichen High Potentials zwischen 30 und 40 zu treffen, wie ich es aus Europa gewohnt war. Stattdessen fand ich eine Atmosphäre vor, die mich an eine fröhliche Abiturfeier erinnerte. Darauf war ich nicht vorbereitet.

Wie haben Sie sich in dieser Situation zurechtgefunden?

Anfangs hat mich das ziemlich überfordert. Es gab nur zwei Kursteilnehmer, die etwa in meinem Alter waren. Mit denen fand ich relativ schnell Kontakt, weil wir ähnliche Interessen hatten. Im Gespräch mit den jüngeren Kursteilnehmern dagegen gingen mir irgendwann die Themen aus. Diese jungen Frauen und Männer waren auch im Unterricht meist mit sehr viel mehr Spaß bei der Sache als ich selbst. Sie wirkten auf mich, als seien sie auf einer Klassenfahrt, fröhlich und ausgelassen, während ich wie ein langweiliger Musterschüler an meinen Lernunterlagen klebte. Mit ihrer jugendlichen Leichtigkeit und ihrer unbefangenen Lust am Leben kam ich zu Anfang überhaupt nicht zurecht. Ich fand ihre Art, zu reden, zu lachen und zu feiern, gleichzeitig nervtötend und faszinierend.

Nach ein paar Tagen wurde mir klar, dass ich runter musste von meinen Ansprüchen und Vorstellungen, wenn ich nicht sechs Wochen lang isoliert sein wollte. Dass ich diese Vorstellungen loslassen musste. Ich fing an, mehr mit den Jüngeren umherzuziehen und die Insel zu entdecken. Und irgendwann machte mir das tatsächlich auch ein bisschen Spaß. Ich wurde lockerer.

Gleichzeitig habe ich gemerkt, dass mein Eindruck von der Oberflächlichkeit der jungen Leute gar nicht so viel mit der Realität zu tun hatte. Dass das eher ein Vorurteil war. Einige junge Frauen, die ich dort kennengelernt habe, hatten schon sehr tiefgreifende Dinge erlebt. In mancher Hinsicht hatten sie mehr persönliche Reife als ich. In eine von ihnen habe ich mich sogar verliebt. Wir waren nur ein paar Tage zusammen. Für mich, der ich immer so viel Angst vor Nähe gehabt hatte, war es eine tolle Erfahrung.

Wo haben Sie während der Zeit des Sprachkurses gewohnt?

Ich hatte in der Organisationsphase meines Sprachaufenthalts darauf gedrängt, man möge mich nicht in eine Gastfamilie stecken, wo ich intellektuell keine Anknüpfungspunkte habe. Und tatsächlich hat diese Bitte etwas bewirkt. Ich hatte richtig Glück: Meine Gastgeberin, Elizabeth, war eine sehr sympathische ältere Dame, mit der ich auch nach meinem Australienaufenthalt noch einige Zeit per Mail in Verbindung geblieben bin. An die Gespräche mit ihr denke ich auch heute noch manchmal zurück. Es ist wirklich erstaunlich, was mir die Begegnung mit Elizabeth gebracht hat. Sie lebt alleine, ist selbstständig, sehr aktiv, konnte mir durch ihre eigene Biografie und ihren Background sehr helfen und hat mich so ein bisschen »ins Leben gestoßen«. Es war ein sehr herzliches Verhältnis, ich bin da richtig aufgetaut.

Elizabeth hat mich auch ihren Freundinnen und Freunden vorgestellt. Auch das war natürlich klasse, denn so kam ich mit Neuseeländern auf ganz andere Weise in Kontakt, als das sonst als Tourist möglich ist. Ich wurde auf private Dinner-Partys eingeladen und unterhielt mich mit den unterschiedlichsten Leuten. Die Gelassenheit, der Pioniergeist und der Lebensmut der alten Menschen, die ich über Elizabeth kennengelernt habe, haben mich zum Nachdenken über mein eigenes Leben angeregt.

Ich würde das jederzeit wieder so organisieren. Den Faktor »Ansprachemöglichkeit« sollte man als Aussteiger nicht unterschätzen. Wenn man sich persönlich weiterentwickeln will, ist es außerordentlich wichtig, mit den unterschiedlichsten Leuten in Kontakt zu kommen.

Krise und Depression

TAGEBUCH
Omarama auf der Südinsel Neuseelands,
Donnerstag, 2. März

*Ich habe das Gefühl, ich stehe wieder am Anfang. Meine
Gedanken drehen sich im Kreis. All die Fragen, die ich mit
meiner Reise hinter mir lassen wollte, rasen mir wieder durch
den Kopf. Bin ich als erwachsener Mensch jemals glücklich
gewesen? Ich glaube nicht. Glücklich sein, was ist das? Ist es
Zufriedenheit, ist es das Gefühl, das sich einstellt, wenn man
geliebt wird? Mir kommt es so vor, als habe ich es nie erfahren.
Immer noch habe ich Angst, auf jemanden zuzugehen. Nach
sechs Wochen Sprachkurs stehe ich wieder alleine da, ohne
Anschluss. Ist es nicht komisch, dass immer ich es bin, der
»übrig« bleibt!? Was sind die Misserfolgsfaktoren? Ich komme
nicht weiter mit meiner Entwicklung. Es ist, als renne ich
gegen eine Wand. Seit ich weg bin aus Deutschland, werden
die Traurigkeitsanfälle intensiver und kommen in kürzeren
Abständen. Ich sitze da und weine still vor mich hin. Was
macht mein Gehirn mit mir? Wie geht das noch weiter? So
schwach habe ich mich noch nie gefühlt. Habe ich mich überschätzt? Vielleicht. Vielleicht habe ich mich in all den ver-
gangenen Jahren überschätzt. Alles, was ich in den letzten
zwanzig Jahren getan habe, habe ich aus Angst getan. Meine
größten Leistungen habe ich unter Angst produziert. Zum*

ersten Mal richtig glücklich war ich erst hier, am anderen Ende der Welt, aber auch das nur für kurze Zeit. Jetzt fühle ich wieder Wut, Hass, Bitterkeit – das Gleiche wie vor fünf Monaten. Wie soll ich in der Gesellschaft weiterleben? In diesem Zustand geht das nicht. Ich habe keine Ahnung, wie es weitergehen soll.

Was haben Sie nach dem Sprachkurs gemacht?

Nach dem Sprachkurs bin ich emotional erst einmal in ein ziemlich tiefes Loch gefallen. Um mich sozusagen am eigenen Schopf aus diesem Sumpf wieder rauszuziehen, bin ich zunächst nicht nach Australien zurückgekehrt, sondern weitergereist: erst auf die Cook Islands, dann auf die Südinsel von Neuseeland. Auf die Cook Islands wollte ich einfach aus reiner touristischer Neugier. In meinem Kopf geisterte das Klischee der paradiesischen Südsee herum, und deshalb bin ich dort hingefahren. Ich wollte diese Ecke der Welt einfach mal kennenlernen, also habe ich von Auckland aus ein Ticket nach Rarotonga gebucht.

Von den Menschen und der Natur auf den Cook Islands war ich vom ersten Tag an fasziniert. Das Klischee vom Südseeparadies hat ein Stück weit schon seine Berechtigung: Zur Begrüßung wird einem am Flughafen eine Blumenkette umgehängt, und Musiker spielen Südsee-Melodien auf der Gitarre. Dann das türkisblaue Meer, die endlosen weißen Strände, Kokospalmen, exotische Früchte, die einem geradezu in den Mund wachsen. Ein Ort, an dem man eigentlich geradezu glücklich sein muss – könnte man meinen.

Leider hatte dieses Paradies auf mich jedoch genau die gegenteilige Wirkung. Unter den entspannt wirkenden, geselligen Insulanern und dem bunten Touristenvölkchen aus Europa und Amerika spürte ich meine eigene Einsamkeit nur umso stärker.

Wie sind Sie mit dieser Situation umgegangen?

Ich verfiel in hektische Geschäftigkeit, um das Gefühl des Alleinseins nicht ertragen zu müssen. Insgesamt hielt ich es in Rarotonga nicht lange aus. Ich verließ das Südsee-Paradies und flog über Auckland nach Christchurch, um von dort aus eine Rundreise auf der Südinsel von Neuseeland zu machen.

Dort ging es mir dann allerdings psychisch nicht besser, sondern eher noch schlechter. Die Natur dort war zwar tatsächlich umwerfend schön, aber ich hatte keine Möglichkeit, meine Reiseeindrücke mit jemand anderem zu teilen. Wieder war ich alleine. Alleine bin ich durch diese Insel gefahren, fast 3000 Kilometer, und habe mangelnde Nähe durch rastlose Reiseaktivitäten kompensiert. Ich habe versucht, meiner schlechten Stimmung regelrecht davonzurennen. Nur irgendwo herumzusitzen, hätte ich nicht ausgehalten – da wäre ich verrückt geworden! Ich musste einfach etwas tun, und so habe ich in weniger als zehn Reisetagen dort relativ viel gesehen: Christchurch, Greymouth, den Franz Josef Glacier, Wanaka, Queenstown, Omarama und den Mount Cook National Park. Doch trotz meiner hektischen Herumreiserei kamen die dunklen Gedanken immer häufiger.

Was meinen Sie mit »dunkle Gedanken«?

Kurz gesagt: Alle möglichen Phänomene, die man in der Fachliteratur unter »Depression« nachlesen kann. Das sind Selbstzweifel, das sind Selbstbeschuldigungen, Selbstanklagen. Das Gefühl lässt sich nicht leicht in Worte fassen.

Es ist wie ein dunkles Loch, ein dunkler Tunnel, es ist die Empfindung absoluter Ausweglosigkeit.

Wie verläuft der Übergang von hell nach dunkel?

Das ist nicht so einfach zu beschreiben. Manchmal gibt es gar keine Übergänge. Es ist einfach ein Zustand, der plötzlich da ist. Ich bin morgens aufgewacht und merkte, dass ich mich einfach nicht gut fühlte. Alles um mich herum schien negativ zu sein. Es war, als ob die Welt über mir zusammenbricht. Das Merkwürdige ist: Genauso schnell, wie es von hell nach dunkel ging, so schnell ging es oft auch von dunkel wieder nach hell. Manchmal war mein negativer Gemütszustand nach zwei Stunden wie weggeblasen.

Was ist der Auslöser für diese Stimmungsschwankungen?

Medizinisch bin ich kein Experte. Man liest häufig, Depression sei eine Stoffwechselstörung. Es gibt Berge von Fachliteratur dazu. Nach meinem Erleben ist es eine Verstärkung von negativen Bewertungen; es ist eine Spirale, in die man sich reindreht.

Wie sind Sie aus diesen depressiven Phasen wieder herausgekommen?

Meist habe ich angefangen, mechanisch irgendetwas zu tun. Ich bin joggen gegangen oder habe versucht, mich

anderweitig körperlich zu beschäftigen. Aus Erfahrung
wusste ich, dass Herumsitzen und Herumgrübeln in diesem Zustand nicht hilfreich sind. Lösungsversuche wie
»Jetzt denke ich nochmal genau darüber nach, wie das gekommen ist«, bringen gar nichts. Joggingschuhe anzie-
hen und fünf Kilometer laufen gehen – so was hat mir in
diesen Phasen besser geholfen. Es fühlt sich an, wie wenn
man in eine Schneelawine geraten ist. Man muss einfach
versuchen, aus diesem Ding herauszukommen. Man muss
wieder mit dem Kopf ans Licht. Natürlich klappt das nicht
immer. Manchmal ist die Depression stärker. Aber meist
geht es mir besser, wenn ich mich körperlich anstrenge.

Zum anderen stand ich auch während der Zeit auf den
Cook Islands und in Neuseeland weiterhin per E-Mail und
Telefon in Kontakt mit meinem Freund Richard. Glückli-
cherweise hat ja selbst die entfernteste Südseeinsel heut-
zutage ein Internetcafé. Durch sein Feedback hat er mir
sehr geholfen. Er sagte Dinge wie »Klar, aus deiner Perspektive musst du so denken. Du siehst aber nur Teilberei-
che, du kannst die Situation gar nicht angemessen bewer-
ten.« Und das stimmte: Heute weiß ich, dass ich mich in
vielen Situationen neurotisch verhielt; ich konnte nicht
realistisch einordnen, wo ich gerade mit meinen Emotio-
nen stand. Mein Zustand hat Richard sicher einige Stunden am PC gekostet. Er hat mir Verständnis entgegenge-
bracht und mich wieder aufgerichtet, wenn ich mal wieder
emotional am Boden war. Wir denken in mancher Hinsicht ziemlich ähnlich, und deshalb fiel es mir relativ
leicht, etwas von ihm anzunehmen. Zwar sagt das Sprich-
wort: »Ratschläge sind auch Schläge«, aber Richards Feedback hat auf mich überhaupt nicht negativ gewirkt. Im
Gegenteil: Ich war sehr glücklich darüber, dass ich mich

mit jemandem über diese große Entfernung hinweg über meine Fragen und Probleme austauschen konnte.

Haben Sie in dieser Zeit manchmal daran gedacht, Ihren Auslandsaufenthalt abzubrechen und früher als geplant wieder nach Deutschland zurückzukommen?

Ja, die Frage nach dem Abbruch hat sich gestellt. Auch Richard hat sich in dieser Zeit oft Sorgen über meinen Zustand gemacht und hat mir geraten, zurückzukommen. Aber mein Kopf sagte mir: »Da musst du durch!« Und dieser Meinung bin ich auch heute noch. Auch wenn die Entscheidung damals sehr, sehr hart für mich war. Es war mein eigener Anspruch an mich, der mir die Kraft gegeben hat, das durchzuhalten. In meinem Tagebuch aus dieser Zeit findet sich der Eintrag: »Nochmal Flucht geht nicht! Jetzt wird das Problem so lange ›beackert‹, bis ich einen Fortschritt sehe.« Das war genau der Grund, warum ich dageblieben bin.

Würden Sie sagen, dass es eine »Mindestaufenthaltsdauer« gibt? Oder hängt der »Erfolg« einer Auszeit nicht von der Länge ab?

Ja, es gibt so etwas wie eine Mindestaufenthaltsdauer. Die Auszeit sollte auf keinen Fall zu kurz sein. Was ist »zu kurz«? Hier kann ich nicht einfach eine bestimmte Anzahl an Monaten nennen. Denn die Dauer des Aufenthalts ist eine sehr individuelle Angelegenheit und hängt auch von den Ressourcen ab, die man zur Verfügung hat.

Ich hatte für mich eine Aufenthaltsdauer von einem halben Jahr vorgesehen, aber das hatte eher ökonomische Gründe. Meine Sorge war, bei einem längeren Aufenthalt einfach zu viel Geld auszugeben und außerdem irgendwann den beruflichen Anschluss zu verpassen. Zumal ich noch gar nicht genau wusste, wie der denn aussehen sollte. Deshalb entschied ich mich, nicht länger als ein halbes Jahr dazubleiben.

Ein Bekannter von mir ist zwischen zwei beruflichen Stationen für drei Monate ausgestiegen. Als er zurückkkam, hatte ich den Eindruck, dass die Zeit für ihn zu kurz gewesen war. Vielleicht täusche ich mich, aber ich denke, in der Auszeit sind für ihn viele Fragen ungeklärt geblieben, die er sozusagen wieder mit zurückgebracht hat. Dadurch, dass man wirklich länger in der fremden Umgebung bleibt, den Leidensdruck aushält und ihn in Aktionen kanalisiert, erst dadurch verändert man sich. Wenn man zu früh zurückkommt, tut man sich meiner Meinung nach keinen Gefallen. Natürlich heißt das nicht »Durchhalten um jeden Preis«. Bei gravierenden psychischen Problemen ist ärztliche Unterstützung unabdingbar, und dann ist auch eine vorzeitige Rückkehr höchst sinnvoll.

Nochmal zusammengefasst: Eine allgemeingültige Mindestaufenthaltsdauer gibt es nicht. Es gibt meiner Ansicht nach aber sehr wohl eine individuelle, und ich kann jedem Aussteiger nur wünschen, dass er sie für sich herausfindet.

Der Rückflugtag naht

Barrengarry, Donnerstag, 23. März

In 18 Tagen fliege ich zurück nach Deutschland. Mein Rückflugticket habe ich schon gebucht. Ich habe es ganz unten in meine Dokumentenmappe gesteckt, damit ich es nicht dauernd sehe. Wenn ich an die Rückkehr denke, habe ich Angst. Hat sich die Sache gelohnt? Habe ich mein Ziel erreicht? Welches Ziel hatte ich überhaupt? Die Zeit in Australien scheint sehr schnell vergangen zu sein. Ich merke, wie ich immer noch in meiner alten Rolle festhänge oder in sie zurückfalle. Wie komme ich da raus? Wie klein müssen die beruflichen Aufgaben sein, damit ich meine seelischen Probleme in den Griff bekomme? Wie sieht das Leben aus, das zu mir passt? Auf was muss ich in meinem neuen Leben alles verzichten? Kann ich den »emotionalen Kredit« jemals wieder abbezahlen, den ich während meiner Jahre als Workaholic aufgenommen habe? So viele Fragen ... Aber eins weiß ich inzwischen genau: Ich habe ein Problem – und ich werde es lösen, egal wie hart der Weg sein mag!

Wie haben Sie die letzten Wochen Ihres Auslandsaufenthalts verbracht?

Nach meiner Reise durch die Südinsel von Neuseeland bin ich wieder nach Australien geflogen. Ich habe dort wieder alleine auf der Farm gewohnt, auf der ich meinen Australienaufenthalt begonnen hatte. Nach den beiden teilweise ziemlich hektischen Reisewochen, die hinter mir lagen, hoffte ich, dort etwas zur Ruhe zu kommen. Und tatsächlich hat mir die vertraute Umgebung gut getan.

Auf der Farm habe ich viel Zeit damit verbracht, über meine private und berufliche Zukunft nachzudenken. Ich wollte meinem Leben eine neue Richtung geben. Ich dachte darüber nach, wohin ich will und was ich ändern muss, damit ich mein Ziel erreiche. Dieses Nachdenken habe ich ziemlich analytisch betrieben, um nicht wieder in die deprimierende Grübelei zurückzufallen, die mich während meiner Auszeit so oft gelähmt hatte.

Zum einen habe ich Tabellen gezeichnet, Ursache-Wirkungs-Diagramme. Mit dieser Herangehensweise war ich wieder ganz der Ingenieur, der einfach versucht hat, sich rational zu erschließen, wo er denn nun hinwill. Sogar zu der Frage, welche Eigenschaften meine Traumfrau haben sollte, habe ich Grafiken und Diagramme gezeichnet. Das mag sich vielleicht merkwürdig anhören, aber für mich war das eine Möglichkeit, mich überhaupt irgendwie mit diesen Fragen auseinanderzusetzen. Und das Thema Partnerschaft war für mich inzwischen das Wichtigste überhaupt geworden. Durch das Sabbatical hatten sich meine Prioritäten massiv geändert: War früher der berufliche Erfolg für mich das Maß aller Dinge, so wollte ich jetzt endlich Liebe, Nähe und Geborgenheit erfahren.

Was mir bei meinen Überlegungen außerdem sehr geholfen hat, waren die Gespräche mit Gudrun, meiner Gastgeberin auf der Farm, von der ich schon erzählt habe. Gudrun ist etwas älter als ich und hat aus ihrer Lebenserfahrung heraus dazu beigetragen, dass ich meine Eindrücke angemessener bewerte. Auch die Telefonate und die E-Mail-Korrespondenz mit Richard, der fast alle meine Erfahrungen in Australien »live« miterlebt hatte und mich immer noch aus der Ferne »coachte«, waren hilfreich für mich.

Last but not least: Bücher waren in dieser Zeit für mich sehr wichtig. Das kam durch einen Zufall zustande: Gudrun sagte mir irgendwann mal, sie hätte noch Bücher aus Deutschland in ein paar Umzugskartons im Gartenhaus; wenn ich wollte, könnte ich die gerne lesen. Und zufällig waren das Bücher genau zu »meinen« Themen. Ich fraß mich regelrecht durch diese Ratgeber und Erfahrungsberichte durch. Denn dort fand ich plötzlich seitenweise Dinge, die mich betrafen, präzise verbalisiert, schwarz auf weiß. Oft dachte ich beim Lesen: »Mensch, unglaublich – hier sagt einer genau das, was du fühlst!« Das hat eine enorme Wirkung auf mich hinterlassen. Einige Textstellen, die mich besonders beeindruckt haben, habe ich sogar wortwörtlich in meinem Tagebuch notiert.

Die Lektüre hat mir sehr geholfen, weil ich endlich wieder ein paar Puzzlestückchen auf meiner emotionalen Landkarte zusammenfügen konnte. Ich habe dann später, als ich wieder in Deutschland war, noch viele andere Bücher zu psychologischen Themen gelesen und so versucht, mir weitere Klarheit zu verschaffen.

**Das klingt alles gut, aber auch ziemlich anstrengend ...
Hatten Sie denn nicht manchmal das Bedürfnis, Ihre letzten
Wochen in Australien einfach nur zu genießen?**

Doch, das Bedürfnis hatte ich schon. Aber der Druck, mich
mit meinen persönlichen Problemen wirklich aktiv auseinanderzusetzen, war stärker, auch wenn diese Auseinandersetzung weh tat. Ein weiterer Grund dafür, dass ich
mich immer wieder diesem emotionalen Leid ausgesetzt
habe, war der, dass ich fatalerweise nach der Mechanik
funktioniert habe: »Wenn ich schon das nicht erreichen
kann, was mir in meinen Tagträumen so vorschwebt, und
ich mich dadurch leblos und leer fühle, so muss ich mir
zumindest immer wieder diesen Schmerz zufügen, damit
ich überhaupt noch weiß, dass ich lebe.« Dieses Verhaltensmuster habe ich allerdings erst im Nachhinein in Gesprächen mit einem Psychotherapeuten erkannt und verstanden.

**Dann haben Sie also Ihre letzten Wochen in Australien
komplett mit Nachdenken verbracht?**

Nein, das hätte ich nicht ausgehalten. Deshalb habe ich
mich – wie schon am Anfang – wieder in handwerkliche
Arbeit gestürzt: Gudrun hatte begonnen, die Veranda der
Farm zu überdachen, und ich half ihr dabei, dieses Dach
fertigzustellen. Wie bei allen handwerklichen Dingen, die
ich während des Sabbaticals getan habe, hat mir auch das
großen Spaß gemacht. Es war ein idealer Ausgleich zu der
vorhin beschriebenen Kopfarbeit oder »inneren Arbeit«,
die ich mir selbst auferlegt hatte.

Welche beruflichen Pläne haben Sie am Ende Ihres Sabbaticals entwickelt?

Konkrete berufliche Pläne gab es noch nicht. Eher eine Vielzahl von Überlegungen, in welche Richtung es denn jetzt für mich weitergehen könne. Ich konnte mir gut vorstellen, in Australien zu bleiben und dort zu arbeiten. Mein Fachgebiet – Fabrikorganisation – fand ich nach wie vor interessant, deshalb wollte ich in diesem Bereich bleiben.

Durch Zufall erfuhr ich von einer Konferenz in Melbourne zum Thema »Lean Enterprise«, die gegen Ende meines Australienaufenthalts stattfand. Dort habe ich mich einfach spontan angemeldet. Ich war neugierig darauf, was da inhaltlich passiert, aber ich bin auch hingegangen, um mich meinem früheren beruflichen Umfeld testweise wieder anzunähern. Ich habe extra dafür meinen Rückflug geändert, bin ein paar Tage später zurück nach Europa geflogen. Die Teilnahme an der Konferenz war für mich das Einläuten der Auslaufphase meiner Auszeit.

Haben Sie in Australien Kontakt zu möglichen Arbeitgebern aufgenommen?

Ja, das habe ich, obwohl mir Richard oft davon abgeraten hatte. Doch die Versuchung ist natürlich groß, das Thema »beruflicher Wiedereinstieg« schon in den letzten Wochen des Sabbaticals anzugehen. Und bei mir hätte es beinahe auch tatsächlich geklappt: Ich hatte in Auckland eine Stelle als Lehrbeauftragter an der Uni in Aussicht. Leider hat sich das aus verschiedenen Gründen dann letztendlich doch nicht ergeben.

Ich habe von Australien aus in den Wochen vor meinem Rückflug auch mit deutschen Arbeitgebern telefoniert. Schon nach kurzer Zeit habe ich diese Anrufe dann aber wieder bleiben lassen, als ich merkte, dass ich eigentlich noch gar nicht genau wusste, was ich beruflich wollte. Wenn man – sozusagen noch in der Orientierungsphase – potenzielle Arbeitgeber anruft, kann das danebengehen. Denn während der Auszeit tickt man einfach anders als der Gesprächspartner am Telefon in Deutschland. Das liegt nicht nur am großen Zeitunterschied, sondern auch am völlig unterschiedlichen Lebensgefühl: Wenn ich in einer Personalabteilung anrufe, komme ich vielleicht gerade entspannt vom Strand, mein Gegenüber aber gestresst aus einer Besprechung. Das kann die Verständigung sehr erschweren. Denn in solchen Situationen kann die eigene Lockerheit und Souveränität beim Gesprächspartner Neidgefühle hervorrufen. Am Telefon bekommt man solche »atmosphärischen Störungen« oft nicht so mit – und wenn doch, kann man meist nur sehr schwer gegensteuern. Mit misslungenen Anrufen aus dem Ausland nimmt man sich im schlechtesten Fall sogar Chancen für die Zeit nach der Rückkehr. Also habe ich zu beruflichen Dingen zwar weiter im Internet recherchiert, aber nicht mehr zum Telefon gegriffen.

Was war für Sie das wichtigste Ziel bei Ihrer Rückkehr nach Deutschland?

Zu der Frage fällt mir ein Stichwort ein: Es heißt »Balance«. Ich hatte keine Balance, beruflich und privat, und es war mein größtes Ziel, in eine solche zu kommen.

TEIL 3

Auszeiter = Außenseiter?

*Im Zug von Frankfurt nach Stuttgart: Mit mir im Gang
des ICE steht ein Mann im dunkelblauen Anzug, etwa in meinem Alter. Er telefoniert über Handy und gestikuliert dabei
mit der freien Hand. Er versucht, seine Stimme zu dämpfen,
aber es gelingt ihm nicht; seine Aufregung verhindert es. Ich
höre, dass er Schwierigkeiten im Projekt mit seinem Kollegen
bespricht. Ist er Unternehmensberater? Ich erinnere mich an
meinen Job – ein Scheiß! Ich sehe mir die Gesichter um mich
herum an. Sie wirken gelangweilt, fahl, grau, lustlos. Was ist
das für ein Land?, denke ich. Was mache ich hier?*

Wie haben Sie Abschied vom Ausstieg genommen?

Ich denke, richtig Abschied vom Ausstieg habe ich nie genommen. Auch wenn es sich ein bisschen pathetisch anhören mag: Diese Auszeit steckt nun für immer in mir drin. Das war ja nicht ein vierwöchiger Urlaub, der mal eben kurzfristig meiner Regeneration dienen sollte – sondern ich habe damit meine Berufsbiografie für volle neun Monate unterbrochen. Der Ausstieg ist in meinem Bewusstsein immer noch sehr präsent, auch wenn er nun schon einige Zeit zurückliegt. Wenn ich die Fotos ansehe, die ich in Australien gemacht habe, dann kommen die Erinnerungen wieder hoch, als ob es gestern gewesen wäre.

Ich bin jetzt mutiger in meinem Verhalten, meine Toleranzgrenzen hinsichtlich Selbstausbeutung sind enger, ich bin wachsamer, sensibler – dies alles aufgrund meiner Auszeit. Ein Sabbatical verändert die Persönlichkeit, und insofern kann man da nicht einfach die Tür zumachen und sagen »Okay, das war's jetzt!«. So ein Ausstieg beeinflusst auch nach der Rückkehr permanent das tägliche Leben.

Wie sah Ihr Alltag in den ersten Wochen nach Ihrer Rückkehr aus?

Die ersten Wochen in Deutschland waren hart. Ich grübelte viel, fraß mich weiter durch einen Bücherberg mit Ratgeberliteratur. Oft holten mich meine Depressionen wieder ein. Gewohnt habe ich wieder bei meiner Großmutter, wie schon vor meiner Abreise. Sie hat meine Veränderung bemerkt, war aber so taktvoll, mich nicht mit neugierigen Fragen zu bedrängen.

Das Internet wurde noch mehr zu meinem Werkzeug; ich recherchierte dort zu allen möglichen Fragen und pflegte alte und neue Kontakte, berufliche und private. Ich schrieb einige Bewerbungen und führte Gespräche mit potenziellen Arbeitgebern.

Wie haben Sie sich in Deutschland wieder einleben können?

Das war tatsächlich nicht einfach. Ich kam in eine Welt zurück, mit der ich plötzlich viel mehr Reibungsflächen hatte als vorher. Viele Dinge, die meine Bekannten in Deutschland als Problem sahen, konnte ich nicht mehr als Problem akzeptieren. Umgekehrt sah ich nach meiner Rückkehr Probleme, die mein Umfeld nicht nachvollziehen konnte. Der lange Aufenthalt im Ausland hatte mich verändert. Von meinen deutschen Bekannten wurde ich nun häufig als sonderbar oder zumindest als »irgendwie anders« wahrgenommen. Dieses Gefühl des »Fremdseins im eigenen Land« nach der Rückkehr ist übrigens nicht nur meine Erfahrung: Einige Aussteiger auf Zeit berichten davon, so zum Beispiel Carsten Alex in seinem Buch »Der Auszeiter«.

Durch die Auszeit hatten sich einige meiner Wertvorstellungen irreversibel geändert. Status und Besitz waren in meiner Werteskala rapide gefallen, andere Werte nach oben geklettert. Mein Berufsethos war ins Wanken geraten. Ich fragte mich, ob ich noch das richtige Ziel verfolgte. Sollte ich wirklich wieder Mitglied im Club der vom Effizienzwahn Befallenen werden? Bis heute bin ich mir nicht sicher, ob das meine Welt ist oder wieder sein soll. Mein Weltbild war so anders geworden, dass ich mich manchmal in meine Jugendzeit und die Phasen der Rebellion zurückversetzt fühlte. Die andere, mir wesentlich menschlicher erscheinende Lebensgeschwindigkeit, die ich in Australien kennengelernt hatte, wollte ich in Deutschland nicht wieder aufgeben. Ich merkte, wie ich mich immer mehr gegen den »alten Trott« auflehnte, den alle um mich herum selbstverständlich zu finden schienen. Gleichzeitig meldete sich nun wieder die Existenzangst – ich hatte ja noch keinen neuen Job – und zügelte diesen »Übermut« ein wenig.

Insgesamt hat kaum einer meiner alten und neuen Bekannten in Deutschland verstanden, wie sehr das Sabbatical mich verändert hatte und wie viel mir das bedeutete. Sie behandelten mich wie nach einem längerem Urlaub. In Gesprächen mit ihnen hatte ich oft das Gefühl, durch eine Glaswand zu reden, und war danach verärgert und frustriert. Sie konnten nicht nachvollziehen, was ich erlebt hatte.

Sind Ihnen trotz dieser Schwierigkeiten ein paar Freunde aus der Zeit vor Ihrem Weggang geblieben?

Vor meinem Weggang aus Deutschland hatte ich ja kaum noch Freunde. In meiner akuten Burn-out-Phase war ich fast völlig alleine – bis auf den Kontakt zu Richard. Interessant und gleichzeitig traurig war es, wie sich der Kontakt zu ihm direkt nach meiner Rückkehr entwickelte. Ich hatte mich darauf gefreut, ihn wiederzusehen; hatte erwartet, dass unser Kontakt, der während meiner Auszeit so intensiv gewesen war, sich in ähnlicher Weise fortsetzen würde. Ich dachte, dass wir uns nun noch einfacher austauschen könnten, jetzt, wo ich wieder in Deutschland war und wir uns sehen konnten, statt nur zu mailen oder zu telefonieren. Stattdessen wurde es schwierig, richtig schwierig.

Schon unser erstes Treffen nach meiner Rückkehr war seltsam. Ich merkte, dass sich meine Wahrnehmung verändert hatte. Ich konnte Richards Art nicht mehr so gut ertragen. Die Missverständnisse und Irritationen häuften sich. Irgendwann meldete er sich nicht mehr, schickte keine Antworten mehr auf meine E-Mails, ging nicht mehr ans Telefon. Schließlich ist unsere Verbindung ganz abgerissen – über ein Jahr lang haben wir nichts mehr voneinander gehört.

Vor Kurzem hat er sich dann wieder bei mir gemeldet. Erstaunlicherweise konnten wir miteinander reden, als hätten wir uns nie aus den Augen verloren. Das war für mich eine tolle Erfahrung. Ich denke, er hat sich inzwischen verändert, und ich bin froh darüber, dass wir wieder in Kontakt sind.

Was kann man aus dieser Erfahrung lernen?

Natürlich ist das eine sehr persönliche Geschichte – daher ist es schwierig, daraus allgemeine Erkenntnisse abzuleiten. Doch ein Aspekt daran scheint mir durchaus verallgemeinerbar für Sabbatical-Rückkehrer: Man sollte sich darauf gefasst machen, nach dem Ausstieg vielleicht Freunde zu verlieren – sogar diejenigen, die den Ausstieg vorher aktiv unterstützt haben. Besonders problematisch kann es sein, wenn die Freunde aus einem ähnlichen beruflichen Kontext kommen. Denn nach der Auszeit kommt man im besten Falle »clean« in sein »Suchtumfeld« zurück und trifft die alten »Abhängigen« wieder. Damit sind Schwierigkeiten vorprogrammiert.

Andererseits ist man als Sabbatical-Rückkehrer auch offener für Begegnungen mit ganz neuen Menschen. Das kann dann auch wieder sehr bereichernd sein.

Haben Sie denn nach Ihrer Rückkehr auch solche neuen Kontakte gefunden?

Ja, und einer davon wurde sehr wichtig für mich: Über ein Selbsthilfeforum im Internet lernte ich Anna kennen, eine Frau, die ähnliche zwischenmenschliche Probleme hatte wie ich. Der Austausch mit ihr per Mail und Telefon hat mich sehr weitergebracht. Gerade in der ersten Zeit nach meiner Rückkehr war sie mein wichtigster Ratgeber. Wir stehen bis heute in Verbindung.

Welche Rolle spielen soziale Beziehungen heute für Sie?

Auch heute habe ich nur wenige Freunde und Bekannte. Aber ich pflege diese Kontakte sehr viel bewusster und sorgfältiger als früher. Sie stehen heute viel weiter oben auf meiner Prioritätenliste. Ein »Gruppenmensch mit Vereinsleben« bin ich bis heute nicht geworden: Meine Freunde und Bekannten wohnen alle mindestens 250 Kilometer von mir entfernt, der Kontakt läuft daher viel über Telefon. Ich habe noch einige Kontakte zu Ex-Arbeitskollegen und Studienkollegen. Wir sehen uns ungefähr ein Mal alle drei Monate. Davon abgesehen genieße ich es aber auch, hin und wieder mal Zeit nur für mich selbst zu haben – als

Ausgleich zu meinem Beruf, in dem ich sehr viel mit Menschen zu tun habe.

Wären Sie gerne noch länger in Australien oder Neuseeland geblieben?

Diese Frage kann ich mit einem ganz klaren Ja beantworten. Tatsächlich bin ich nicht so gerne zurückgekommen. Ich war ja damals in einer Situation höchster Flexibilität: Meine Wohnung hatte ich gekündigt, meinen alten Beruf aufgegeben. Ich besaß in Deutschland nur noch eine Adresse und ein paar persönliche Dinge. Ich wäre am liebsten ausgewandert. Aber ich habe in Neuseeland nicht schnell genug einen Job gefunden, um im Anschluss an mein Sabbatical gleich dort bleiben zu können. Und für eine längere Jobsuche dort fehlte mir der Mut – mein Bedürfnis nach materieller Sicherheit war stärker. Daher bin ich erst einmal nach Deutschland zurückgeflogen, um mir dort eine neue berufliche Perspektive zu schaffen.

Wiedereinstieg in den Job

*»Dass ich Ihnen keine Stelle vermitteln kann, das wissen
Sie selbst. Ich habe einfach keine, die zu Ihrem Profil passt«,
sagt die Arbeitsvermittlerin und lächelt ein bisschen verlegen.
Sie blättert in meinen Unterlagen. »Sie kommen jetzt aus ...«
»Australien«, nehme ich ihr das Wort aus dem Mund. »Ach,
das ist ja schön, gestern war auch schon ein Kunde da, der
einige Wochen in Australien verbracht hat.« Ich erzähle ihr
kurz meine Geschichte und merke, wie gut es mir dabei geht.
Mit ziemlich gemischten Gefühlen war ich heute Morgen
in das triste Gebäude der Arbeitsagentur gekommen. Wenn
ich an den Termin dachte, sah ich mich einem neidischen
Sachbearbeiter ausgeliefert, der nur darauf aus war, seinen
Frust bei mir abzureagieren. Stattdessen sitze ich jetzt einer
jungen, hübschen und nachdenklichen Frau gegenüber. Sie
beginnt, mir von sich und ihrem Arbeitsalltag zu erzählen.
»Ich habe mich für diesen Beruf entschieden«, sagt sie mit
etwas rauer Stimme, »weil ich dachte, damit Menschen helfen
zu können. Aber sehen Sie doch, was mit den jungen Leuten
heute passiert: Viele von ihnen haben keine Ausbildung. Außer
Gelegenheitsjobs gibt es fast keine Arbeitschancen für sie. Oder
auch die Probleme der jungen, intelligenten und gut ausgebil-
deten Frauen auf dem Arbeitsmarkt: Sie müssen sich entschei-*

den, ob sie Kinder haben möchten oder erfolgreich im Beruf
sein wollen – beides zusammenzubringen, ist immer noch
sehr schwierig. Aber am tragischsten sind die ehemaligen Per-
sonalchefs, die jetzt selbst arbeitslos sind. Die in ihrem Berufsleben Hunderte von Ablehnungen unterschrieben haben
und jetzt am eigenen Leib spüren, was es heißt, mit Mitte 50
nur noch Absagen zu bekommen ...« Sie unterbricht sich. Ich
merke, wie in mir Mitgefühl aufsteigt. Die Frau wirkt aktiv,
intelligent und leistungsbereit, aber sie quält der Gedanke,
hilflos in ihrer eigenen Organisation zu sein. Ich würde ihr
gerne etwas Tröstliches sagen. Doch da klopft es an der Tür,
und der nächste Kunde schaut herein. »Einen Moment noch«,
sagt sie und wendet sich wieder mir zu. »Also, soll ich jetzt
ins System eintragen, dass Sie sich mithilfe Ihrer persönlichen
Kontakte einen neuen Job suchen?« »Ja«, antworte ich, »bitte
tragen Sie das so ein.« Und dann höre ich mich noch sagen:
»Ich will Ihnen noch kurz das Feedback geben, dass ich positiv von unserem Gespräch überrascht war. Es hat mir Spaß
gemacht, mit Ihnen zu reden. Ich wünsche Ihnen viel Kraft,
und bewahren Sie sich Ihren Mut.« Sie lächelt mich an. Ich
scheine den richtigen Ton getroffen zu haben. Wir verabschie-
den uns. Gut gelaunt mache ich mich auf den Rückweg. Zum
ersten Mal seit meiner Rückkehr habe ich das Gefühl, wieder
ein bisschen in Deutschland angekommen zu sein.

Wie sind Sie den Wiedereinstieg in den Beruf angegangen?

Zuerst einmal auf der Ebene der Reflexion, nicht gleich auf der Handlungsebene. Das war für mich wichtig: Zuerst Position und Kurs bestimmen, dann erst lossegeln. Manchmal gehe ich auch gerne invers an wichtige Fragestellungen heran, daher habe ich mich zunächst gefragt: Was will ich nicht mehr? Die Antwort darauf war sehr schnell klar: Ich will keinen Führungsstil mehr unterstützen, der dazu führt, dass Mitarbeiter ausbrennen – um nicht zu sagen »verheizt werden«. In ein solches Umfeld wollte ich nicht mehr zurück. Das Umfeld, in dem ich vor meinem Ausstieg gearbeitet hatte, empfand ich inzwischen regelrecht als »asozial«, und zwar im wörtlichen Sinne: »a-sozial« gleich »fernab der Gesellschaft« oder »positiver Sozialisation abträglich«. Ich wollte mich auf keinen Fall der Gefahr aussetzen, in meinem neuen Job wieder in das Burnout abzugleiten.

Dann habe ich überlegt, in welchem Bereich ich gerne arbeiten würde: in der Industrie, an einer Universität oder in einer Unternehmensberatung. Alle drei Bereiche haben Vor- und Nachteile, und ich habe versucht herauszufinden, wo ich meine neuen Ziele am besten umsetzen konnte. Schon in Australien hatte ich beschlossen, dass ich nicht mehr in der Industrie arbeiten wollte, weil sich meine Vorstellungen von selbstbestimmter Arbeit dort nur schwer verwirklichen lassen. Blieben also die Universität und die Unternehmensberatung. Doch in den entsprechenden Stellenangeboten der Unis wurden ausschließlich Bewerber mit Doktortitel gesucht – für mich ein entscheidendes Hindernis, denn ich habe nicht promoviert. Aus diesen

Gründen ließ ich die Idee, an der Uni zu arbeiten, vorerst fallen.

Vor meinem Ausstieg hatte ich schon einmal fünf Jahre lang als Unternehmensberater gearbeitet. In der Rolle des Beraters hatte ich mich wohlgefühlt. Daher habe ich mich bei meiner Jobsuche dann bewusst auf Unternehmensberatungen konzentriert.

Wie haben Sie die neun Monate Berufsunterbrechung in Ihren Lebenslauf integriert? Der Lebenslauf ist ja das entscheidende Element jeder schriftlichen Bewerbung – und Lücken im CV kommen bei Personalern nicht gut an ...

Das war tatsächlich nicht so einfach, aber ich habe für mich eine gute Lösung gefunden: Diese Zeitspanne trägt in meinem CV klipp und klar die Überschrift »Sabbatical«, denn ich will diese Erfahrung, die für mich so zentral war, ganz bewusst nicht verstecken. Unter dem Punkt »Sabbatical« habe ich außerdem ein paar Einzelheiten dazu genannt, zum Beispiel meine Mitarbeit im Dolphin Discovery Center. Vom Textumfang her nimmt meine Auszeit in meinem CV genauso viel Platz ein wie eine meiner beruflichen Stationen. Beginn und Ende sind wie üblich mit Monat und Jahr aufgeführt.

Gleichzeitig wollte ich die Toleranz meiner potenziellen Arbeitgeber aber nicht überstrapazieren. Es geht bei der Formulierung eines Lebenslaufs ja immer auch darum, seine Qualifikation und Berufserfahrung zielgruppengerecht darzustellen und beim Adressaten Interesse zu wecken. Deshalb habe ich das Sabbatical nicht einfach nach Datum eingeordnet, sondern ihm einen eigenen Platz zugewiesen. Damit steht es jetzt in der Nähe meiner Weiterbildungsaktivitäten und meiner außerberuflichen Interessen.

Wo haben Sie sich dann beworben?

Nach meiner Rückkehr nach Deutschland musste ich mich natürlich erst einmal orientieren. Dazu nahm ich alte berufliche Kontakte wieder auf. Zuerst überlegte ich, eventuell zu der Unternehmensberatung zurückzugehen, die ich vor ein paar Jahren verlassen hatte. Diesen Gedanken habe ich dann aber verworfen. Also habe ich mich erst einmal auf Empfehlungen meiner privaten Kontakte hin beworben. Das waren wenige Bewerbungen, aber dafür handverlesene.

Durch Zufall bin ich dann an meine jetzige Arbeitsstelle gekommen. Ein früherer Arbeitskollege sprach von der Möglichkeit, als Senior Advisor in einer Firma einzusteigen, in der ein gemeinsamer Bekannter von uns gearbeitet hatte. Wie sich herausstellte, entsprach die Position ziemlich genau meinem Qualifikationsprofil, deshalb habe ich mich dort beworben. Ich wurde dann auch bald zum Gespräch eingeladen, und wenige Wochen später kam die Zusage. In meinem Fall hat sich also gar kein langer Bewerbungsmarathon ergeben. Schon drei Monate nach meiner Rückkehr war ich wieder voll ins Arbeitsleben eingebunden.

Wie viele Bewerbungsgespräche hatten Sie bis dahin geführt? Und wie sind diese Gespräche verlaufen?

Insgesamt hatte ich tatsächlich nur wenige Bewerbungsgespräche. Die Reaktionen meiner Interviewpartner reichten von Argwohn bis zur Bewunderung. Manchmal habe ich sogar etwas Neid gespürt. Der Argwohn hat mich zuweilen sehr befremdet. Auch der Neid war manchmal ein Problem. Die neun Monate Unterbrechung in meinem Lebenslauf wirkten wie ein Lackmustest: Wenn im Gespräch sehr abfällig über diese Zeit geurteilt wurde, war mir immer sofort klar, dass ich in dem betreffenden Unternehmen nicht arbeiten will. Wenn mein Gegenüber mein Sabbatical positiv bewertete – manche sagten mir zum Beispiel, das sei sehr mutig von mir gewesen –, stieg auch mein Interesse an dem Unternehmen. Im Übrigen war ich immer sehr gut auf die Bewerbungsgespräche vorbereitet.

Wie haben Sie sich darauf vorbereitet?

Noch vor meinem ersten Bewerbungsgespräch habe ich mich hingesetzt und meine Antworten auf einige zentrale Fragen aufgeschrieben: »Warum habe ich das Sabbatical gemacht? Welche Ziele im Beruf habe ich jetzt? Was erwarte ich von meiner neuen Position?« Das hat sich sehr bewährt. Schon in Gesprächen mit Bekannten hatte ich ja die Erfahrung gemacht, dass viele meine Entscheidung für das Sabbatical nicht nachvollziehen konnten. Deshalb wusste ich, dass an diesem Punkt am meisten Erklärungsbedarf sein würde.

Haben Sie das Thema »Burn-out« in Ihren Bewerbungsgesprächen offen angesprochen?

Ich habe lange überlegt, ob ich das tun soll, und mich dann dafür entschieden. Zu dieser Erfahrung zu stehen, schien mir die Grundvoraussetzung dafür, ein »gesünderes« berufliches Umfeld zu finden. Auch dieser Punkt wirkte wie der schon erwähnte Test: Wenn die Reaktionen meines Gesprächspartners auf das Thema Burn-out sehr negativ waren, sagte das in meinen Augen auch nichts Gutes über die dortige Unternehmenskultur.

Wie sahen diese negativen Reaktionen aus?

In manchen Gesprächen wurde mir signalisiert, ich hätte den »Selektionsprozess« wohl einfach nicht überstanden. Mein Burn-out und das anschließende Sabbatical wurden mir als Schwäche ausgelegt. Unter dem Aspekt des »survival of the fittest« war ich der, der auf der Strecke geblieben war – und deshalb auch als potenzieller Arbeitnehmer uninteressant. Doch was bedeutet es eigentlich, dieses vielzitierte »survival of the fittest«? Es ist ein Kernsatz der sozialdarwinistischen Theorie, die historisch gesehen viel Unheil angerichtet hat. Seit ihrem Aufkommen im 19. Jahrhundert wurden damit Rassismus und Imperialismus gerechtfertigt. Eine von sozialdarwinistischen Ideen geprägte Unternehmenskultur war also sicher nicht das neue positive Umfeld, das ich suchte. Insofern habe ich diese Gespräche meist schnell beendet.

Vor Ihrem Ausstieg haben Sie als Unternehmensberater gearbeitet – arbeitssüchtig bis hin zum Burn-out. Nun arbeiten Sie wieder in einer Unternehmensberatung. Ist das nicht die Rückkehr ins alte »Suchtumfeld«?

Diese Frage wird mir oft gestellt. Denn natürlich wirkt das auf den ersten Blick widersinnig. Doch als ich mich bei meiner Rückkehr gefragt habe, was ich eigentlich am besten kann, kam ich immer wieder auf das Thema Beratung. Ich träumte davon, mit Menschen zusammenzuarbeiten, die diese Tätigkeit mit der gleichen Leidenschaft ausüben wie ich: Ich glaube wirklich an das Duo »Berater und Ratsuchender« – einfach aufgrund der Tatsache, dass jeder irgendwann an einen Punkt kommt, wo man selbst nicht mehr reflektiert, nichts mehr bewegen kann und Rat von außen wertvoll ist. Deshalb habe ich mich wieder für die Beratungsbranche entschieden.

Natürlich habe ich dafür gesorgt, dass ich nicht wieder »auf die schiefe Bahn« in Richtung Burn-out gerate. Ich habe das auch ganz offen in meinen Bewerbungsgesprächen kommuniziert. Es war für mich von Anfang an klar, dass ich mich nicht mehr in diesen Sog hineinziehen lasse. Und dass ich bereit bin, hierfür auch die beruflichen Konsequenzen zu tragen: zum Beispiel die, dass die Auswahl an potenziellen Arbeitgebern unter einer solchen Prämisse kleiner wird. Die Unternehmensberatungen waren für mein Anliegen überwiegend aufgeschlossen. Und tatsächlich habe ich es in dieser Branche geschafft, mir ein Arbeitsumfeld zu organisieren, das ein Privatleben zumindest zulässt.

Haben Sie in der Phase Ihrer Neuorientierung nie darüber nachgedacht, beruflich etwas ganz Neues anzufangen? Vom Manager zum freien Fotografen, vom Fernsehmoderator zum Ökobauer – von solchen Lebensläufen berichten die Medien ja auch immer wieder ...

Doch, an einen kompletten Berufswechsel habe ich schon manchmal gedacht. Aber bisher schien mir das Risiko zu hoch. Das Thema ist für mich aber noch lange nicht erledigt. Durch die Veränderung meiner persönlichen Werte und Prioritäten sind die Reibungsflächen in meinem aktuellen beruflichen Umfeld größer geworden. Damit muss ich natürlich irgendwie umgehen, und das heißt auch: meine berufliche Weiterentwicklung planen. Ich denke dabei aber eher an eine organische Weiterentwicklung als an einen abrupten Berufswechsel. Inhaltlich möchte ich gerne weg von den Wachstums- und Rationalisierungsthemen im Beratungsgeschäft, die ich zunehmend als sinnlos und gesellschaftlich schädlich empfinde. Zukünftig möchte ich mehr durch Coaching meinen Kunden einen Nutzen stiften, vor allem durch Einzelcoaching für Führungskräfte. Ich bin mir sicher, dass es für diese Dienstleistung einen großen Bedarf gibt, denn die Möglichkeiten für Topmanager, über Ängste und Zweifel sprechen zu können, werden immer seltener. Coaching bietet für solche Gespräche einen professionellen Rahmen und kann neue Perspektiven und Lösungswege aufzeigen.

Welchen Rat können Sie anderen »Auszeitern« zum Wiedereinstieg in den Beruf geben?

Es ist schwierig, zu diesem Thema Allgemeingültiges zu sagen. Während des Sabbaticals hat man sehr viel Zeit, über berufliche Perspektiven nachzudenken. Auch über solche, die man vorher noch nie in Betracht gezogen hat. Ich kenne Menschen, die ihre beruflichen Ziele wirklich um 180 Grad geändert haben – die zum Beispiel aus einer selbstständigen Tätigkeit in ein abhängiges Arbeitsverhältnis gegangen sind oder umgekehrt.

Zwei Gesichtspunkte sind meiner Erfahrung nach wichtig: Zum einen sollte man sich überlegen, was einem wirklich Freude macht. Die entscheidende Frage hierzu ist: Was kann ich wirklich gut? Wo liegen meine wirklichen Stärken? So eine Auszeit bietet – wenn man nicht wieder zum früheren Arbeitgeber zurückgehen will oder muss – sehr viele Möglichkeiten. Zum anderen sollte man definieren, welche Werte einem in Zukunft wichtig sind. Für mich war das die Work-Life-Balance. Das war für mich elementar. Die damit verbundenen Fragen waren: Wie will ich in Zukunft zu materiellen Dingen stehen? Bin ich stark genug, dem möglichen Druck aus meinem früheren Umfeld standzuhalten?

Nicht zuletzt spielt beim Job-Wiedereinstieg eine entscheidende Rolle, wie lange man im Ausland war. Nach einem Sabbatical von bis zu einem Jahr ist der Wiedereinstieg in den Beruf meist einfacher, als gemeinhin angenommen wird. Ab ungefähr einem Jahr jedoch wird ein Wiedereinstieg im Heimatland immer schwieriger, je länger man in Ausland bleibt. Davon berichten zumindest andere »Auszeiter«.

Hat man das Sabbatical nicht zu lange ausgedehnt, ist die Angst, nach der Rückkehr arbeitslos zu sein oder zu bleiben, oft nicht wirklich begründet. Vor allem dann, wenn man weiter in seinem früheren Beruf arbeitet, ist der Neustart oft nicht so schwierig. In manchen Branchen ist es kein Makel, ein halbes Jahr Sabbatical im Lebenslauf stehen zu haben, zumal wenn dieses mit einem Auslandsaufenthalt verbunden war. Wertet ein Arbeitgeber das Sabbatical beim Einstellungsgespräch positiv, dann erwartet er allerdings auch, dass der »Auszeiter« neue Impulse und Perspektiven ins Unternehmen einbringt – und zwar in konstruktiver Weise. Das setzt eine erfolgreiche Reintegration und eine positive Grundhaltung zum neuen Job voraus. Nörgler und Besserwisser sind nicht gefragt, mag ihre Kritik inhaltlich noch so berechtigt sein.

Work-Life-Balance

Samstag, 10. Juni

*Ich muss noch ein paar Statistiken für die Besprechung am
Montag fertig machen, mal wieder am Wochenende – eigentlich sollte das ja meine private Zeit sein. Ich merke, wie ich
wieder in denselben Arbeitssog hineingerate wie vor meiner
Auszeit. Genau das wollte ich doch auf keinen Fall mehr! Also
klicke ich die Präsentation weg und mache die Datei mit meiner Partnerschafts-Suchanzeige auf, um noch etwas daran zu
feilen. Verdammt schwierig, so was zu formulieren. Ich lese
mir den Text nochmal laut vor. Unsicher ändere ich ein paar
Wörter, mache die Änderungen wieder rückgängig. Irgendwie
komme ich nicht weiter. Dann habe ich eine Idee: Ich maile
meinen Text einfach an Anna und frage sie, was sie davon
hält. Sie ist bestimmt die ideale Testleserin. Ihre Antwortmail
kommt nur wenige Minuten später: »Danke für deinen Text,
hab ihn gleich durchgelesen. Als erster Entwurf ganz gut –
aber ich finde, er enthält zu viele Informationen und klingt
zu kalt, zu abgehackt. Du verkaufst dich als Problemfall und
erwartest zu viel ...« Mir stockt für einen Moment der Atem.
Da ist es wieder, dieses erschreckende Fremdbild von mir,
das ich nur zu gut kenne: hoch präzise, keine Fehlertoleranz,
komplett kopfgesteuert, ohne Gefühl. Dann lese ich weiter:
»Kann es sein, dass du kein Privatleben hast, dass du nicht*

abschalten kannst von deinem Job? Die Anzeige klingt so, als ob du lieber Fachgespräche führst, als über deine Gefühle zu reden. Verstehst du, was ich meine? Ich denke, du hast noch einen weiten Weg vor dir, aber du schaffst es bestimmt. Muss jetzt weg, daher nur so kurz. LG, Anna«. Und dabei hatte ich gedacht, schon so offen zu sein. Hatte geglaubt, schon eine ganz andere Ausstrahlung zu haben als früher. Habe ich mich in Australien so wenig verändert? Anna hat den Nagel auf den Kopf getroffen. In ihrer Rückmeldung erkenne ich mich wieder – es ist hart, in diesen Spiegel zu schauen. Ich habe das Gefühl, wieder von vorne anfangen zu müssen – nicht nur mit meinem Text, sondern auch mit meiner persönlichen Entwicklung, mit allem. Wie oft noch? Aber aufgeben ist keine Option. Dazu bin ich diesen Weg schon zu weit gegangen. Und ich will ihn weitergehen.

Konnten Sie Ihr Problem des unfreiwilligen Single-Daseins lösen?

Ich bin den Weg weitergegangen, den ich begonnen hatte. Jetzt – zurück in Deutschland – hatte ich natürlich ungleich mehr Möglichkeiten, mir Informationen zu meinem Problem zu beschaffen, vor allem über die schon erwähnten Ratgeberbücher. Aber ich habe nicht nur gelesen, sondern auch professionelle Hilfestellung im Internet gesucht, zum Beispiel bei einer Psychologen-Hotline.

Auch persönliche Kontakte spielten eine wichtige Rolle. Die Gespräche mit den wenigen Bekannten, die ich noch hatte, wurden intensiver – wohl deshalb, weil ich zum ersten Mal bereit war, etwas über mich etwas preiszugeben. Ich war überrascht über mich selbst, wie selbstverständlich es mir plötzlich schien, auch über persönliche Dinge zu reden. Das wäre noch vor zwei Jahren undenkbar gewesen! Daran konnte ich sehen, wie sehr mich die Auszeit verändert hatte.

Ein solches Gespräch war es auch, das mir den Anstoß gab, es nochmal mit einer Online-Partnerschaftsbörse zu versuchen. Meine Daten dort nochmal ins Internet zu stellen, ist mir alles andere als leichtgefallen, denn ich hatte diesen Weg schon vor meinem Sabbatical erfolglos ausprobiert. Aber es war ein entscheidender Schritt, denn tatsächlich habe ich kurze Zeit später darüber meine große Liebe kennengelernt. Besser gesagt: Ich bin »kennengelernt worden« – sie hat mich angeschrieben, und wir haben uns getroffen. Sie suchte jemand »Apartes«, und das war ich ja nun wirklich: à-part, ein Außenseiter. So fing alles an. Die Begegnung mit Monika hat mein Leben total verändert, und ich bin sehr glücklich darüber.

In welcher Weise hat das Sabbatical sonst noch Ihr Leben in Deutschland verändert?

Die größte Veränderung für mich ist die, dass ich die »Kompensatoren«, also all die Dinge, die im materiellen Bereich liegen, nicht mehr für so wichtig halte. Da kann ich mittlerweile ganz gut loslassen.

Ich will es einmal auf die Formel bringen: Ich bin heute weniger an Dingen interessiert als an Erlebnissen. Konkret gesprochen: Die Frage nach dem nächstgrößeren Auto oder der nächstgrößeren Wohnung stellt sich weniger als die Frage »Wie viel Zeit verbringe ich jetzt mit meiner Partnerin?« oder »Wo kann ich was mit ihr gemeinsam erleben?«. Das ist es, was mich jetzt interessiert! Insofern hat mich die Erkenntnis verändert, dass es viele Dinge gibt, die man im Leben nicht braucht, um glücklich zu sein.

Mit dieser neuen Haltung habe ich mir nicht nur Freunde gemacht. Manchmal kriege ich zu hören, meine Kritik an meinem früheren Wertesystem sei nichts anderes als Nestbeschmutzung – schließlich hätte ich ja auch eine Menge Vorteile von dem System gehabt, das ich jetzt so stark kritisiere. Darauf antworte ich meist, dass ich mit dieser Kritik niemand beschuldigen möchte, sondern nur auf etwas aufmerksam machen will.

Ich empfinde gegenüber materiellen Dingen keine Hassgefühle oder werte Menschen ab, die sie besitzen, aber es ist nicht mehr mein Motivator Nummer 1. Ich kann heute auf solche Sachen leichter verzichten, und ich bin auch in der Lage – und das ist für mich das Wesentliche –, dies leichter gegenüber anderen zu vertreten. Das wäre vor meinem Sabbatical noch ganz anders gewesen. Ich empfinde es als einen Zugewinn an persönlicher Freiheit, dass ich von der Meinung anderer Menschen unabhängiger geworden bin.

In welchen Lebensbereichen tun Sie sich bis heute noch schwer?

Das Thema Beziehung ist immer noch ein schwieriges Feld. Kontrolle abzugeben, fällt mir beispielsweise manchmal noch schwer. Aber ich lerne dazu.

Was die Anfälle von Bitterkeit und Wut angeht, die ich an einigen Stellen in meinem Tagebuch beschrieben habe – die sind bis heute nicht ganz verschwunden. In angespannten Situationen oder wenn ich mich gekränkt fühle, reagiere ich manchmal noch unangemessen heftig. Es gibt da regelrechte »Trigger«. Die Wut, die da hochkommt, hat eine emotionale Wucht, die in keinem Verhältnis zu ihrem Auslöser steht. Es gelingt mir dann nur mit großem Energieaufwand, diese negativen Gefühle halbwegs im Zaum zu halten. Äußerlich bleibe ich in solchen Situationen ruhig, werde aber verbal sehr schneidend und zynisch. Hinterher bin ich dann oft nachdenklich und fühle mich traurig. Inzwischen schaffe ich es immerhin, mich dann dafür zu entschuldigen.

Eine Zeitlang hat Meditation mir geholfen, dieses Problem besser in den Griff zu bekommen. Bei der Meditation geht es um wertfreie Wahrnehmung. Ich habe dabei die Erfahrung gemacht: Es ist wirklich so, dass Gedanken Bewertungen hervorrufen, und Bewertungen erzeugen dann Gefühle. Man kann lernen, auf diese Prozesskette Einfluss zu nehmen, damit nicht mehr diese emotionale Kaskade in einem abläuft, die durch bestimmte – manchmal schon lang zurückliegende – Erfahrungen hervorgerufen wird. Dies besser steuern zu können, dass ich nicht immer wieder in genau dieselben »emotionalen Fettnäpfchen« trete und mich am Ende dann schlecht fühle, das ist eine Aufgabe, die ich mir vorgenommen habe.

Sie erwähnten vorhin auch das Stichwort »professionelle Hilfestellung« am Beispiel der Psychologen-Hotline. Haben Sie sich nach Ihrer Rückkehr noch weitere Unterstützung von Profis gesucht?

Ja. Durch die Tätigkeit in meinem neuen Job bekam ich Kontakt zu einem Management-Trainer, von dem ich etwas annehmen konnte. Mit ihm hatte ich nach meiner Rückkehr zwei Coachingsitzungen, von denen ich sehr profitiert habe. Die Arbeit mit diesem Coach war etwas anderes als die psychotherapeutische Hilfe, die für mich nach meinem Zusammenbruch so wichtig war. Nach meiner Rückkehr aus Australien war ich nicht mehr in einer akuten Notsituation. Aber ich hatte mir vorgenommen, mich an einen Fachmann zu wenden, um schneller hinter die Ursachen meiner Probleme zu kommen. Und das hat auch funktioniert. Mein Coach brachte mich zum Beispiel darauf, dass mein Perfektionismus die Burn-out-Spirale beschleunigt hatte, in die ich geraten war. Durch das Coaching habe ich gelernt, diesen Hang zum Perfektionismus – der auch viel mit meinem beruflichen Thema »Lean Enterprise« zu tun hat – auf ein verträgliches Maß zu reduzieren.

Solche professionelle Unterstützung für die Lösung meiner persönlichen Probleme anzunehmen, fällt mir heute viel leichter als vor meinem Sabbatical. Ich habe dazu heute eine ganz andere Einstellung. Manchmal treten bis heute Phasen auf, wo ich mich gerne wieder einem Psychologen anvertrauen würde. Die Suche nach dem richtigen Therapeuten ist meiner Erfahrung nach jedoch sehr mühselig, und aktuell ist mein Leidensdruck nicht groß genug, um den Telefonhörer in die Hand zu nehmen und einen Termin zu vereinbaren. Ich denke, die negativen Gefühle, die mich heute umtreiben, kommen eher aus einer Unzufriedenheit und Sinnsuche heraus als aus einer Depression im klinischen Sinn.

Welche Anforderungen stellen Sie heute an Ihre berufliche Tätigkeit?

Die wichtigste Anforderung ist, dass mich der Beruf nicht mehr überlastet: Ich möchte meine Arbeit gerne machen, aber ich möchte sie auch gerne wieder loslassen können und am Wochenende oder im Urlaub ohne Arbeit sein. Mein Beruf bedeutet für mich ökonomische Unabhängigkeit. Ich möchte arbeiten, aber mir auch Träume erfüllen. Und das sind jetzt andere als vor meinem Burn-out. Inhaltlich stelle ich den Anspruch, dass ich mich weiterentwickeln kann, und ich habe noch viele Themen im Kopf, die ich gerne bearbeiten möchte.

Wie gehen Sie mit der Gefahr um, wieder in die Burn-out-Spirale zu geraten? Wie beugen Sie vor?

Zum einen habe ich jetzt einen lieben Menschen um mich herum, der mich an diese Gefahr erinnert, wenn ich mal wieder dabei bin, mich zu überlasten. Zum anderen versuche ich, meine Freizeit bewusst zu gestalten, zum Beispiel wieder regelmäßig zu joggen, selbst wenn es nur einmal pro Woche eine halbe Stunde ist. Kurz nach meiner Rückkehr hatte ich außerdem eine Zeitlang Kontakt zu einer Interessengemeinschaft, die sich um die deutsch-australische Freundschaft bemüht. Dort habe ich sehr nette Leute kennengelernt. Die Beschäftigung mit australischen Themen fand ich entspannend, weil sie so anders sind als unsere Themen hier in Deutschland. Und ich fand es schön, mir dadurch etwas von der Außenperspektive zu erhalten, die ich von meinem Auslandsaufenthalt mitgebracht hatte.

Außerdem habe ich ein paar eingefahrene Gewohnheiten radikal geändert. Zum Beispiel bin ich mir sicher, dass mein Fernsehkonsum einen großen Beitrag zu meiner negativen Haltung geleistet hat. Seit ich aus Australien zurück bin, sehe ich fast kein Fernsehen mehr. Die Informationen, die mich interessieren, hole ich mir aus dem Internet. Manchmal blättere ich auch durch eine Zeitung. Und Bücher sind bis heute meine große Informationsquelle. Wenn man aufmerksam die Nachrichten oder dokumentarische Sendungen verfolgt, dann erfährt man leider zu 90 Prozent Negatives, und ich habe mich früher davon täglich mehrere Stunden berieseln lassen. All diese negativen Informationen und Bewertungen – das waren häufig Auslöser für meine depressive Stimmung. Andere Menschen reagieren vielleicht anders darauf. Mir jedenfalls geht es ohne Fernsehen besser.

Das alles trägt dazu bei, mich in Balance zu halten. Ich muss aber ehrlicherweise auch sagen, dass es für jemanden, der mal so abhängig von seiner Arbeit war wie ich, nicht einfach ist. Und dass es einem hier in Deutschland auch nicht leicht gemacht wird. Manchmal sind eine gute Portion Trotz und Eigensinn nötig, um aktiv für die eigene Work-Life-Balance zu sorgen. Wenn ich in einem Umfeld leben würde, wo das eigene Haus und die Doppelgarage nicht so eine große Bedeutung hätten, dann würde ich mich wahrscheinlich leichter tun. Ich schätze, dass ich heute genauso viel Energie auf die Abwehr der Burn-out-Spirale verwende, wie ich damals hineingesteckt habe, um mein Arbeitsleben zu organisieren. Von der Energie-bilanz her gesehen, mag es vielleicht das Gleiche sein – aber vom Effekt her ist es ein gewaltiger Unterschied!

Wie gehen Sie heute mit der hohen Reisebelastung um, die der Beraterjob mit sich bringt?

In meiner jetzigen Position bin ich in der glücklichen Lage, meine Geschäftsreisen etwas mehr selbst einteilen zu können. Meine Flugreisen beschränken sich auf Europa. Und mit dem Auto fahre ich heute nur noch etwa ein Drittel dessen, was ich früher gefahren bin. Seitdem habe ich auch wieder Spaß am Autofahren.

Wäre es nicht einfacher gewesen, Ihre neuen Ziele in der Selbstständigkeit zu verwirklichen statt in einer Festanstellung?

Diese Frage ist sehr schwer zu beantworten. Für die Zeit direkt nach meiner Rückkehr gilt sicherlich, dass eine Existenzgründung für mich nicht der richtige Weg gewesen

wäre. Zwar hatte ich vor meiner Abreise geradezu fieber-
hafte Aktivitäten unternommen, um mich selbstständig
zu machen, aber ich musste damals schmerzlich erkennen,
dass das nur aus einem Abhängigkeitsreflex heraus ge-
schehen war. Nach meiner Kündigung griff ich nach jedem
beruflichen Strohhalm und hatte die Vorstellung, ich müsse
beruflich sofort wieder durchstarten. Doch irgendwann
merkte ich, dass meine Pläne für eine Existenzgründung
nicht aus Vernunft heraus entstanden waren, sondern eher
aus Panik. Und damals war es so, dass die Selbstständigkeit
als Einzelunternehmer für mich nicht geeignet war, weil
sie mir einfach nicht das Sicherheitsgefühl geben könnte,
das ich brauche. Die Selbstständigkeit hätte mich wahrscheinlich in das nächste Burn-out getrieben. Vielleicht
wäre das heute anders – ich weiß es nicht.

**Wenn Sie einen Begriff für Ihr aktuelles Lebenskonzept
nennen sollten, welcher wäre es?**

Ganz spontan fällt mir immer wieder das Wort »Balance«
ein. Ich denke, das trifft es wirklich. Durch die Burn-out-
Symptome hatte ich überhaupt erst einmal festgestellt,
dass ich »außer Balance« bin. Das habe ich irgendwo in
meiner Bauchgegend gefühlt, dass da etwas nicht stimmt.
Ich konnte mir aber zu diesem Zeitpunkt nicht einmal
mehr vorstellen, was denn notwendig wäre, um mich wieder ins Gleichgewicht zu bringen, weil ich regenerierende
Augenblicke oder Erholungsphasen ja gar nicht mehr
kannte.

In der Abwärtsspirale vor dem endgültigen »point of no
return« habe ich meine missliche Lage häufig auch noch

selbst gerechtfertigt. Ich hatte nicht die Einsicht, mich zu verändern. Denn jeder, der da herkam und zu mir so etwas sagte wie »Mit dir stimmt etwas nicht!«, bedeutete für mich einen Angriff. Ich rechtfertigte dann mein Lebenskonzept. Erst durch mein Sabbatical habe ich wieder gelernt, was da auf der anderen Seite der Waage für die Balance sorgt.

Ich wusste bis dahin ja gar nicht mehr, wie schön es sein kann, auch mal zwei Wochen gar nichts zu tun und danach kein schlechtes Gewissen zu haben. Und die Einsicht zu gewinnen: »Okay, ich habe jetzt zwei Wochen nichts getan, und die Welt dreht sich trotzdem noch weiter!« Der Begriff »Balance« hat für mich erst dann Bedeutung bekommen, als mir in Australien immer mehr bewusst wurde, was ich mir in den Jahren zuvor selbst durch meine Verhaltensweise und meinen Lebensstil entzogen hatte.

Meine Haltung ist heute, dass man sich natürlich in Peak-Phasen eines Projektes besonders anstrengen muss und sollte. Und ich bin nach wie vor für Leistungsbereitschaft. Aber diese Phasen dürfen nicht zum Dauerstress ausarten, zur Dauerbelastung werden. Ich habe nämlich auch an mir selbst erlebt, wie sich die Arbeitsergebnisse bei Dauerstress verschlechtern. Und ich merke heute, das ich nur deshalb gut bin, weil ich mich eben nicht mehr überlaste. »Anspannung und Entspannung zulassen« ist mein neues Motto, und ich versuche, mein Leben so weit wie möglich danach auszurichten. Wir kennen das alle aus dem Sport: Dort würde niemand mit einem Sportler darüber diskutieren, ob er Regenerationsphasen braucht. Natürlich braucht er die. Und wenn es solche Phasen der Regeneration nicht gibt – oder nicht in ausreichendem Maße –, dann können die gesundheitlichen Folgen gravierend sein. Beispiele hierfür gab und gibt es genug, etwa Sven Hannawald oder Sebastian Deisler, um nur die bekanntesten zu nennen.

Wie wirkt sich die aktuelle Wirtschaftskrise auf den Arbeitsalltag von Führungskräften aus? Ist Work-Life-Balance nicht ein Luxus-Konzept für gute Zeiten, das sich in Zeiten der Krise niemand mehr leisten kann?

Das ist eine Frage, die mich auch stark beschäftigt. Schon jetzt kann man beobachten, dass sich solche Lebenskonzepte in den mittleren und oberen Managementebenen immer weniger durchsetzen lassen. Für diejenigen, die wirklich »den Karren vorwärts ziehen« wollen, wird es immer schwieriger. Ich fürchte, die Art und Weise, wie Menschen ihre Arbeitskraft selbst ausbeuten, wird immer tragischer werden. Sich diesem Sog zu entziehen, erfordert fast übermenschliche Kräfte. Ohne einen gesellschaftlichen Wertewandel, der auch die Unternehmenskultur erfasst, sehe ich hier keine Möglichkeit zu einer Trendumkehr. Ich finde, es lohnt sich aber, für einen solchen Wertewandel aktiv zu werden. Die Möglichkeiten hierfür sind vielfältig, auch für Führungskräfte. Um nur ein paar Beispiele zu nennen: Ein Sabbatical nehmen. Den Job wechseln. In Elternzeit gehen. Private Zeit mit der Partnerin, dem Partner, den Kindern aktiv gegen überzogene Ansprüche aus der Arbeitswelt verteidigen. Nicht mehr mitmachen bei dem Spiel »Wer bleibt abends am längsten im Büro?« Über bestimmte Witze nicht mehr lachen. Über Internetnetforen Gleichgesinnte suchen und sich vernetzen.

Interessant ist, dass dieser Wertewandel im angloamerikanischen Raum bereits begonnen hat. Hier existiert schon seit einigen Jahren der Begriff des »Downshifting«: aus freien Stücken einen Gang runterschalten, sich bewusst für mehr Lebensqualität statt mehr Geld entscheiden. Dieser Trend ist hier in Deutschland erst vor zwei, drei Jahren angekommen. Was ich aktuell erlebe, ist Downshifting per Existenzgründung: immer mehr Leistungsträger machen sich in ihren Bereichen selbstständig. Manche davon haben eine ähnliche Geschichte hinter sich wie ich. Fragt man sie nach den Motiven für ihre Existenzgründung, fällt die Antwort immer gleich aus: Sie möchten erstens selbstbestimmter arbeiten und sich zweitens nicht wieder in diesen Sog hineinziehen lassen, der mit dem privatem Kollaps enden kann.

Zurück zum Thema Festanstellung: Die globale Wirtschaftskrise hat den Arbeitsmarkt in Deutschland schon jetzt massiv verändert, und sie wird es in den nächsten Jahren voraussichtlich weiter tun. Derzeit ist es kaum möglich, hierzu sinnvolle Prognosen abzugeben, da die Entwicklungen sich immer noch überstürzen. Schon jetzt zeichnet sich ab, dass der Druck auf Arbeitnehmer und besonders auf Führungskräfte weiter zunehmen wird. Damit wird auch Burn-out weiter ein Thema bleiben, auch und gerade im Management.

Noch eine interessante gegenläufige Entwicklung am Rande: Einige Unternehmen, die durch die Krise in Schwierigkeiten gekommen sind, bieten hoch qualifizierten Arbeitnehmern schon jetzt von sich aus Sabbaticals an, um Kündigungen zu vermeiden. Auch wenn ein solches Angebot aus Arbeitgebersicht natürlich nur der Kostensenkung dient: Für Burn-out-Gefährdete, die sich ein Sabbatical

leisten können, kann es durchaus eine Chance sein. Ich
möchte dazu ermutigen, diese Chance zu ergreifen.

Alles in allem betrachtet: Was hat Ihnen das Sabbatical gebracht?

Wenn Sie damit das Verhältnis von Kosten und Nutzen
meinen: Diese auf den ersten Blick so einfache Frage finde
ich schwer zu beantworten. Denn in Phasen, in denen die
eigene Existenz so radikal infrage gestellt wird, wie das
beim Burn-out der Fall ist, denkt niemand in Kategorien
von Aufwand und Nutzen.

Rückblickend kann ich aber eines sagen: Aller Aufwand
hat sich gelohnt. Ich habe mein Lebenskonzept in weiten
Teilen verändert. Ich bin dabei zwar kein ganz anderer
Mensch geworden, natürlich nicht. Viele Charakterzüge,
die ich auch vor dem Sabbatical hatte, habe ich auch weiterhin. Aber ich gehe jetzt anders damit um. Im Sinne der
Entwicklung einer »integrierten Persönlichkeit« habe ich
durch das Sabbatical sicherlich einen Riesenschritt nach
vorne gemacht. Und insofern war es den finanziellen und
zeitlichen Einsatz wert.

Für mich war es wichtig, nicht zu früh zurückkommen,
um diesen persönlichen Transformationsprozess ganz zu
durchleben. Ich bereue daher keinen Cent und keine Mi-
nute, die ich in das Sabbatical investiert habe. Ganz im
Gegenteil – denn die positiven Effekte dieses Ausstiegs auf
Zeit wirken bis heute nach.

Wie wichtig ist es heute für Sie, Ihre Vergangenheit aufzuarbeiten?

Das ist eine Medaille mit zwei Seiten. Einerseits gibt es Phasen, wo ich nicht mehr daran erinnert werden möchte, an alles, was ich erlebt habe. Es gibt Phasen, wo ich dazu keinen Bedarf mehr sehe. Andererseits spüre ich, dass es noch eine Menge Dinge gibt, die ich noch aufarbeiten möchte. Die Arbeit an diesem Buch war auch ein Stück Vergangenheitsbewältigung für mich. Aber nicht nur das: Denn ich möchte mit diesem Buch etwas weitergeben und hoffe, anderen durch mein Beispiel Mut machen zu können. Insofern werde ich mich wohl noch länger mit dem Thema beschäftigen ... und freue mich auch darauf.

Insgesamt schaue ich jetzt jedoch mehr nach vorne. Ich bin nicht mehr in einem Zustand der Vergangenheitsbewältigung und auf Störungssuche, sondern ich lebe mit dem Bewusstsein: Was kann ich für die Zukunft ändern? Was muss ich heute an mir ändern, damit die Zukunft für mich anders wird? Ich habe das Gefühl, auf einem guten Weg zu sein, aber noch lange nicht am Ziel. Nach einem Sabbatical ist eben nicht alles plötzlich super, nur weil man eine Weile raus war aus den alten Zwängen. Sondern danach fängt die Arbeit erst richtig an. Das ist kein Spaziergang, sondern eher eine weitere abenteuerliche Reise. Aber es lohnt, sich auf den Weg zu machen.

SERVICETEIL

Wie gefährdet sind Sie? –
Ein Blick in den Spiegel

Nervös beobachten Sie den Herrn vor sich. Mit hochrotem Kopf fingert er in seinem Portemonnaie – er scheint seinen Personalausweis nicht herauszubekommen. »Mann, was für ein Anfänger!«, raunen Sie vor sich hin und atmen schwer ein und wieder aus. Sie stehen in der Schlange beim Priority Boarding und warten, bis die Dame hinter dem Check-in-Schalter Ihnen freundlich zulächelt – das Zeichen für Sie, um nun endlich selbst einchecken zu dürfen. Es kommt Ihnen so vor, als warteten Sie schon eine halbe Ewigkeit, und Ihre ohnehin schon schlechte Laune geht noch weiter in den Keller. »Hier funktioniert mal wieder gar nichts ... was für eine Desorganisation«, denken Sie und werfen Ihren Ausweis mit der Million-miler-Card respektlos auf den Counter. Immer dasselbe! Immer die gleichen langen Warteschlangen am Check-in. Alles Idioten hier. Sie sehnen den Moment herbei, in dem hier alles zusammenbricht. Dann wäre endlich Ruhe. Ruhe nach diesem ganzen Stress. Das muss doch wohl mal passieren – so kann es jedenfalls nicht weitergehen ... »Gangplatz oder Fenster?« hören Sie die gnadenlos freundliche Frauenstimme fragen. »Egal. – Gang«, murmelt es aus Ihnen heraus. »Guten Flug und eine angenehme Reise!« »Danke – die Zeiten, wo das angenehm war, sind längst vorbei«, wehren Sie brüsk ab, greifen Ihre Tasche und hetzen in die Lounge. »Wo kommen denn all die Leute hier her? Flugtickets sind einfach viel zu billig«, geht Ihnen durch den Kopf. »Heute steigt wirklich jeder ins Flugzeug – kein Wunder, dass alles überlastet ist.« Sie nehmen sich etwas zu trinken und suchen vergeblich eine ungestörte Ecke.

Die Enge in der Maschine stresst Sie. Vor Ihnen sitzt ein Ehepaar in den mittleren Jahren, er liest ihr aus dem Reiseführer vor. »Verdammt, nun hör doch mal auf zu labern, sie hört doch sowieso nicht zu ... Wird Zeit, dass wir hier wegkommen, wir sind schon zu spät«, denken Sie, während die Stewardess gerade die englische Durchsage macht, von der Sie jedes Wort bereits mitsprechen können. Ihr Sitznachbar blättert seine viel zu große Zeitung auf – warum können nicht einfach alle Zeitungen im Kompaktformat erscheinen? Zwei Sitzreihen hinter Ihnen fängt ein Kleinkind an zu schreien. »Es nervt!«, denken Sie und fragen sich: «Können die Frühmaschinen nicht einfach für Familien gesperrt werden? Warum müssen die lieben Kleinen ausgerechnet morgens mit den Maschinen fliegen, die für die Businessleute gedacht sind?«

Ihr Flugzeug landet mit 20 Minuten Verspätung. Hastig nehmen Sie den Mietwagenschlüssel und eilen in die Tiefgarage. »Diese Deppen können noch nicht einmal die Autos vernünftig parken«, denken Sie und zwängen sich zwischen zwei geparkten Mietwagen zum Kofferraum durch. »Mist – eine Enge ist das hier! Wie soll da ein Mensch sein Gepäck einladen?« Sie stopfen Ihre Tasche ins Auto und setzen sich ans Steuer.

Es ist Dienstagmorgen, aber auf der Autobahn scheinen nur Sonntagsfahrer unterwegs zu sein. »Wie wäre es eigentlich, wenn es Spuren mit einer Mindestgeschwindigkeit gäbe? Ganz links fahren am besten nur diejenigen, die eilig zum nächsten Termin müssen. Wissen die anderen

denn nicht, dass wir hier nicht zum Spaß sind? Mann ...
Leute ... Das ist hier kein Sonntagsausflug! Blumen pflü-
cken während der Fahrt verboten! Jetzt gib mal Gas!« Wü-
tend treten Sie aufs Gas, der Tacho zeigt jetzt 210 km/h.
Na also. Geht doch. Kilometer um Kilometer frisst sich der
Wagen durch die Landschaft. »Ach komm! Was soll das
denn jetzt?« Ein Lkw zieht vor Ihnen auf die linke Spur.
Sie müssen bremsen und merken, wie sich Ihre Aggressivität plötzlich in lähmende Mattigkeit umwandelt. »Durchsage an alle, die hier jetzt nichts zu suchen haben: Bitte
ganz schnell verschwinden!«, denken Sie und fühlen sich
so müde, als wären Sie schon einen Tag lang unterwegs.
Dabei ist es gerade acht Uhr, und Sie sind erst seit zwei
Stunden auf Dienstreise.

Die 10 wichtigsten Tipps für
die Zeit vor dem Ausstieg

1

Wenn Sie Burn-out-Symptome bei sich feststellen: Nehmen Sie professionelle Hilfe bei einem Psychotherapeuten oder Psychologen in Anspruch – überwinden Sie Ihre Haltung, dass dies ein Tabu ist.

2

Sobald Sie ernsthaft an eine Kündigung denken: Informieren Sie sich auf der Website des Arbeitsamts, welche Meldefristen bei einer Eigenkündigung gelten. Stellen Sie sich auf eine dreimonatige Sperrfrist ein, in der Sie keine Leistungen von der Arbeitsagentur beziehen.

3

Nach der Kündigung: Melden Sie sich rechtzeitig beim Arbeitsamt. Informieren Sie sich bei Ihrer Krankenkasse, wie Sie während der Sperrfrist und während des Auslandsaufenthalts Ihren Krankenversicherungsschutz sicherstellen können.

4

Klären Sie vor Ihrer Reiseplanung ärztlich ab, ob Sie sich einen längeren Auslandsaufenthalt überhaupt zumuten können. Burn-out führt häufig zur Depression, und bei diesem Krankheitsbild ist ärztliche Hilfe unabdingbar.

5

Überlegen Sie, ob Sie während Ihres Sabbaticals weiter Rentenversicherungsbeiträge zahlen wollen. Sprechen Sie darüber mit einem fachkundigen Berater.

6

Überlegen Sie, ob Sie Ihre Wohnung behalten oder kündigen. Bedenken Sie dabei: Wollen Sie wirklich wieder an diesen Ort zurück? Falls Sie sich dafür entscheiden, Ihre Wohnung zu behalten: Versuchen Sie, die Wohnung für die Zeit Ihres Auslandsaufenthalts unterzuvermieten. Falls Sie sich dazu entschließen, Ihre Wohnung zu kündigen: Achten Sie darauf, eine gültige Meldeadresse in Deutschland beizubehalten.

7

Sobald Ihr Abreisedatum feststeht: Denken Sie daran, sich für die Dauer Ihres Auslandsaufenthalts vom Arbeitsamt abzumelden, damit Sie Ihren Leistungsanspruch sichern.

8

Nehmen Sie keinen Laptop mit auf die Reise, sondern machen Sie handschriftliche Aufzeichnungen. Auch wenn es wahrscheinlich für Sie sehr ungewohnt sein wird: Verzichten Sie auf Ihr Notebook, denn die Gefahr ist zu groß, dass es sich während Ihres Sabbaticals als Stabilisator für Ihre Arbeitssucht erweist. Zum Tagebuchschreiben genügen ein paar Stifte und eine Kladde, und Internetzugang haben Sie in jedem Internetcafé – plus die Garantie, dass Sie wirklich nur dann online gehen, wenn es unbedingt notwendig ist.

9

Suchen Sie sich im Zielland eine Beschäftigung nur für ein paar Stunden am Tag, beispielsweise in einem gemeinnützigen Projekt. Dies strukturiert Ihren Tag und vermeidet Langeweile.

10

Machen Sie vor dem Sabbatical eine detaillierte Kostenplanung. Versuchen Sie nach Möglichkeit, Ihr Reiseziel so zu wählen, dass Sie Wechselkursvorteile für Ihr Vorhaben nutzen können. Berücksichtigen Sie bei Ihrer Planung auch die weiterlaufenden Kosten in Deutschland, zum Beispiel für Ihre Krankenversicherung oder die Wohnungsmiete.

Die 10 wichtigsten Tipps für die Zeit während des Ausstiegs

1

Betrachten Sie Ihre Auszeit im Ausland bewusst als Periode, in der Sie Erfahrungen machen. Rechnen Sie mit Ungewissheit, Ängsten, unerwarteten Situationen und provisorischen Lösungen. Versuchen Sie Perfektionismus in Ihren Leben zu reduzieren – er stellt oft einen Grund für Burn-out dar.

2

Sorgen Sie dafür, dass Sie mit den Menschen im Zielland in Kontakt kommen: durch Sprachkurse, einen Homestay-Aufenthalt, sportliche Aktivitäten oder Ähnliches. Ausreichende persönliche Ansprache ist ein wichtiger Erfolgsfaktor für das Gelingen eines Sabbaticals.

3

Seien Sie nicht erstaunt über Ihre Stimmungsschwankungen, wenn Sie sich diesen neuen Eindrücken und Erfahrungen aussetzen. Gerade, wenn Sie vorher sozial isoliert waren, entwickeln Sie nun vielleicht umso größere Erwartungen an Ihre Mitmenschen. Nicht alle dieser Erwartungen werden sich erfüllen. Das sollte Sie nicht demotivieren.

4

Machen Sie in regelmäßigen Abständen eine Zwischenbilanz Ihrer Gefühle und Eindrücke und ziehen Sie daraus Ihre Schlussfolgerungen. Ein Tagebuch kann hierbei eine große Hilfe sein. Haben Sie keine Angst vor »Psychogesprächen« mit sich selbst: Sie gehören zur aktiven Persönlichkeitsarbeit dazu.

5

Das Hotel ist zu laut, das Bier zu warm und die Gegend einfach nur langweilig? Wenn Sie negative Gedanken haben oder unzufrieden sind, überprüfen Sie, ob es an den konkreten Umständen der Reise liegt oder eher daran, dass Sie als Alleinreisender manchmal frustriert sind, weil Sie sich über Ihre Erlebnisse mit niemandem austauschen können. Fragen Sie sich, was Sie tun können, um mit Menschen in Kontakt zu kommen, seien Sie offen für Neues und Unerwartetes.

6

Reflektieren Sie, ob Sie sich durch Events ablenken wollen oder ob Sie schon in der Lage sind, sich mit Ihrer eigenen Situation auseinanderzusetzen. Wichtig ist, dass Sie irgendwann in Ihrer Auszeit den Zustand erreichen, in Ruhe über sich nachdenken zu können – denn nur so können Sie aktiv an Ihrer Persönlichkeit arbeiten.

7

Beenden Sie Ihr »Traineeprogramm« nicht vorzeitig, nur weil Sie einen einzelnen Ort oder einzelne Menschen nicht mögen.

8

Umgekehrt gilt: Beenden Sie das Sabbatical dann vorzeitig, wenn Sie merken, dass die neue Situation Sie dauerhaft überfordert und Ihre psychische oder physische Gesundheit dadurch ernsthaft gefährdet ist.

9

Suchen Sie sich im letzten Teil des Sabbaticals eine Beschäftigung, die Sie regelmäßig körperlich beansprucht, zum Beispiel als Volunteer. Sie gewöhnen sich so langsam wieder an einen regelmäßigen Lebensstil. Gleichzeitig sorgen Sie damit für ein Gegengewicht zu der geistigen Tätigkeit, die Ihren Arbeitsalltag so lange geprägt hat. Gönnen Sie sich diese Abwechslung – an den Schreibtisch kommen Sie noch früh genug zurück.

10

Wenn Sie sich bereits während Ihrer Auszeit auf Stellenausschreibungen in Ihrem Heimatland bewerben wollen: Überlegen Sie sich diesen Schritt genau. Aufgrund der Entfernung können Sie mit Ihrem potenziellen Arbeitgeber nur über Internet und Telefon in Kontakt treten; die Gefahr, durch einen spontanen Anruf oder eine schnell abgeschickte Mail unprofessionell zu wirken, ist groß. Wägen Sie daher Nutzen und Risiko einer Kontaktaufnahme sorgfältig ab. Meist ist es besser, die Bewerbungsphase erst nach der Rückkehr zu starten.

Die 10 wichtigsten Tipps für die Zeit nach der Rückkehr

1

Erwarten Sie nicht, dass sich in Ihrem alten Umfeld viel geändert hat. Achten Sie darauf, wie Sie mit dem Verhalten und den Reaktionen der Daheimgebliebenen umgehen. Vielleicht sind Sie enttäuscht, dass bei Ihrer Rückkehr immer noch alles beim Alten ist; vielleicht deprimiert es Sie, dass Sie Ihre Erfahrungen so wenig teilen können. Sie haben sich weiterentwickelt: Logisch, dass dadurch ein Spannungsfeld entsteht.

2

Erwarten Sie keine Bewunderung für das, was Sie von Ihrem Sabbatical erzählen. Sie haben diese Erfahrungen in erster Linie für sich gemacht. Ihre alten Kontakte können Ihre Erfahrungen oft nicht nachvollziehen. Lernen Sie, mit dieser Frustration umzugehen.

3

Rechnen Sie nicht nur mit Desinteresse, sondern auch mit negativen Reaktionen. Von Ihrer Burn-out-Phase wissen wahrscheinlich nur die wenigsten. Doch jetzt, wo Sie zurück sind, sieht jeder Ihnen an, dass es Ihnen besser geht und dass Sie sich verändert haben. Das löst oft Neid und Missgunst aus.

4

Stellen Sie sich darauf ein, wegen Ihrer Veränderung alte Freunde zu verlieren – und dafür vielleicht neue zu gewinnen.

5

Sie haben während Ihres Sabbaticals viel erlebt und viele Dinge an sich erkannt. Das ist von unschätzbarem Wert – kann aber auch Angst machen und viele Fragen aufwerfen. Trauen Sie sich, professionelle Unterstützung zu suchen, wenn Sie mit diesen Fragen alleine nicht mehr weiterkommen.

6

Je nachdem, wie stark Sie in Ihrer Burn-out-Phase isoliert waren: Planen Sie Ihren Wiedereinstieg stufenweise. Zeitabschnitte, wo Sie in Gesellschaft anderer Menschen sind, sollten mit Phasen abwechseln, in denen Sie ungestört über sich nachdenken können.

7

Stellen Sie den emotionalen Druck infrage, den Sie haben, möglichst schnell eine passende Arbeitsstelle zu finden. Nach einem Sabbatical ist der Wiedereinstieg in den Beruf oft einfacher, als gemeinhin angenommen wird. Dies gilt vor allem dann, wenn Sie weiterhin in Ihrem bisherigen Beruf arbeiten.

8

In jedem Ihrer Bewerbungsgespräche werden Sie gefragt werden, warum Sie das Sabbatical gemacht haben. Bereiten Sie sich daher auf diese Frage gründlich vor: Formu-

lieren Sie Ihre Antworten zunächst schriftlich für sich.
Achten Sie darauf, dass Sie Ihre Entscheidung authentisch
begründen.

9

Wählen Sie Ihre neue Arbeitsstelle sorgfältig. Sie wissen
jetzt besser, was Sie wollen – und was Sie nicht mehr wollen. Kommunizieren Sie Ihre Vorstellungen klar und deutlich in Ihren Bewerbungsgesprächen.

10

Burn-out ist für Betroffene meist ein lebenslanges
Thema. Beugen Sie daher aktiv vor, damit Sie nach Ihrem
Job-Wiedereinstieg nicht von Neuem in die Burn-out-Spi-
rale geraten.

Kostenbeispiel für ein Sabbatical

Die Tabelle zeigt die Kosten für das in diesem Buch be-
schriebene Sabbatical in Australien, gültig für die Wechsel-
kurse während der Reisezeit (rund 190 Reisetage; 1 Euro =
1,78 australische Dollar); Angaben auf Zehner-Beträge in
EUR gerundet.

Kostenart	Erläuterungen	Kosten (EUR)
Wohnen – Möbel-einlagerung	Möbeleinlagerung in Deutschland für insgesamt 7 Monate (ca. 120 EUR pro Monat)	840
Hin- und Rückflug Deutschland – Australien	regulärer Preis Economy Class; zum Vergleich: regulärer Preis Business Class ca. 4.500 EUR (Preise abhängig von Buchungsvorlauf, Anzahl von Zwischenlandungen und Airline)	1.600
Versicherungen	Auslandskrankenversicherung; Weiterzahlung der Beiträge für die gesetzliche Krankenversi-cherung in Deutschland	980
Wohnkosten in Australien, Neuseeland, Cook Islands	58 Übernachtungen von 34 bis 270 EUR – in Caravanparks und 4-Sterne-Hotels, ansonsten als Volunteer keine Kosten für Übernachtung angefallen, da Privatunterkunft; Hotelkosten für Aufenthalt auf Cook Islands in Flugkosten enthalten, da Pauschalangebot	3.700

Kostenart	Erläuterungen	Kosten (EUR)
Freizeitgestaltung	2 Wochen Fitnesscenter, 7 Tauchgänge inkl. Anmietung der vollständigen Ausrüstung; Segeln; 1 Helikopterflug Franz Josef Glacier, 3 geführte Touren im Outback	1.450
Telefon-Ferngespräche	Prepaid Card, 7 Cent pro Minute	80
Restaurantbesuche		580
Reisekasse allgemein	Reisekasse allg. = Bargeld vom Geldautomaten, entspricht ca. 100 EUR pro Woche; ohne Lebensmittel / Supermarkt (siehe nächste Zeile)	3.930
Supermarkt	Supermarkt, meist Lebensmitteleinkauf für Selbstversorgung, ca. 30 EUR pro Woche	850
Domestic-Flüge	Sydney–Perth ret., Sydney–Auckland ret., Auckland–Cook Islands ret., Auckland–Christchurch ret., Sydney–Ayers Rock–Melbourne–Sydney	2.230
Mietwagen inkl. Benzinkosten	Mietwagen: 2.310 EUR, Benzin: 490 EUR	2.800
Bahn		90
Taxi		70
Berufsbezogene Kosten	6-wöchiger Sprachkurs und Aufenthalt in Gastfamilie (Halbpension) in Neuseeland (Kosten: 2.300 EUR); außerdem Teilnahme an Konferenz in Melbourne (Kosten: ca. 1.100 EUR)	3.400
Gesamtkosten		**22.600**

Literatur

Alex, Carsten: *Der Auszeiter. Vom Management ins Leben und zurück.* Berlin: Carsten-Alex-Verlag, 2007

Alt, Melanie / Stahl, Stefanie: *So bin ich eben. Erkenne Dich selbst und andere.* Hamburg: Ellert und Richter, 2005

Bandelow, Borwin: *Das Angstbuch.* Hamburg: Rowohlt, 2004

Bergner, Thomas M. H.: Burnout-Prävention. *Das 9-Stufen-Programm zur Selbsthilfe.* Stuttgart / New York: Schattauer, 2007

Biddulph, Steve: *Männer auf der Suche.* München: Heyne, 2003

Bradshaw: John: *Das Kind in uns.* München: Knaur, 1992

Correll, Werner: *Menschen durchschauen und richtig behandeln.* 18. Auflage, München: MVG, 2007

Covey, Stephen R.: *Die sieben Wege zur Effektivität.* Frankfurt am Main: Heyne, 2000

Hübner, Thomas: *Die Kunst der Auszeit.* Zürich: orell füssli, 2006

Kolitzus, Helmut: *Das Anti-Burn-out-Erfolgsprogramm.* München: DTV, 2004

Langheiter, Christa: *Mut zur Auszeit.* Wien: Redline-Wirtschaft, 2006

Lay, Rupert: *Vom Sinn des Lebens.* Frankfurt am Main / Berlin: Ullstein, 1990

Lelord, François: *Hectors Reise oder die Suche nach dem Glück.* München: Piper, 2004

Löhner, Michael: *Führung neu denken.* Frankfurt am Main: Campus 2005

Müller-Timmermann, Eckart H.: *Ausgebrannt. Wege aus der Burnout-Krise.* Freiburg im Breisgau: Herder Spektrum, 2004

Ressel, Hildegard: *Was ich wirklich will.* Frankfurt am Main: Fischer, 2004

Richter, Anke: *Aussteigen auf Zeit. Das Sabbatical-Handbuch.* Köln: VGS, 2002

Rosenberg, Marshall B.: *Konflikte lösen durch gewaltfreie Kommunikation.* Freiburg im Breisgau: Herder, 2004

Schmitz, Margot / Schmitz, Michael: *Seelennahrung: Sich aufma-
chen zum Glück*. Wien: Ueberreuter, 2006

Speck, Dieter: *Guten Tag, wie geht es Ihnen? Besser kommunizieren
im Alltag*. München: Knaur, 2004

Sprenger, Reinhard K.: *Das Prinzip Selbstverantwortung*. Frankfurt
am Main, Campus 1997

Stavemann, Harlich H.: *Im Gefühlsdschungel. Emotionale Krisen verstehen und bewältigen*. Weinheim: Beltz Psychologie Verlagsunion
2001

Unger, Hans-Peter / Kleinschmidt, Carola: *Bevor der Job krank
macht. Wie die heutige Arbeitswelt uns in die seelische Erschöpfung
treibt – und was man dagegen tun kann*. München: Kösel, 2009

Voigt, Diana: *Sabbatical – Ausstieg auf Zeit*. München: Kösel-Ver-
lag, 2005

Nützliche Links

Stress und Burn-out

Webportal therapie.de:
Wird betrieben vom gemeinnützigen Verein Pro Psycho-
therapie e. V. Dort finden sich folgende Angebote:

http://www.therapie.de/psychotherapie
Liste von Therapeuten mit Schwerpunkt Mobbing / Burn-out /
Stress. Bundesweite Adressen, nach PLZ geordnet.

www.therapie.de/psyche/info/diagnose/burnout
Burn-out-Gefährdung: Selbsterkenntnis und Prävention.
Fachlich fundierte Informationen zum Burn-out-Syndrom,
mit Online-Selbsttest. Bitte beachten Sie: Online-Selbsttests
können nur ein erster Anhaltspunkt zur Selbsteinschätzung
sein und ersetzen keinesfalls eine ärztliche Diagnose.

Selbsthilfegruppen:

Selbsthilfegruppen zum Thema Burn-out finden Sie unter
www.nakos.de, dort unter »NAKOS-Datenbanken«. NAKOS
steht für Nationale Kontakt- und Informationsstelle zur
Anregung und Unterstützung von Selbsthilfegruppen und
ist eine Einrichtung der Deutschen Arbeitsgemeinschaft
Selbsthilfegruppen e. V., des Fachverbands der Selbsthilfe-
unterstützung und -förderung in Deutschland.

Sozial- und arbeitsrechtliche Fragen

www.deutsche-rentenversicherung-bund.de
Website der gesetzlichen Rentenversicherung (Deutsche
Rentenversicherung, früher »BfA«) mit umfangreichen
Informationen zum Thema gesetzliche Rentenversicherung.

www.arbeitsagentur.de
Die Website der Bundesagentur für Arbeit bietet umfassende
Infos zu den Themen Arbeitslosmeldung, Eigenkündigung,
Sperrzeit usw.

Untervermietung der Wohnung / Möbeleinlagerung

www.homecompany.de
Portal für Wohnen auf Zeit mit bundesweitem Angebot

www.city-wohnen.de
Wohnen auf Zeit in Hamburg und Berlin

www.selfstorage.de
Lagerraum für Möbel und andere persönliche Gegenstände,
Lagerflächen von 1 bis 50 qm.

Australien allgemein

www.australien-info.de
Kommerzielles Web-Portal mit vielen nützlichen Infos
zur Reiseorganisation.

www.infobahnaustralia.com.au
Von Auswandern bis Zyklon – ein kommerzielles Webportal
mit Forum und breitem Themenangebot.

www.eta.immi.gov.au
Hier kann man sein elektronisches Visum direkt bei der
staatlichen Australian Electronic Travel Authority beantragen.

www.visumservice.de
Kommerzieller Dokumentenservice im Flughafen Frankfurt,
hilft bei der Visabeantragung.

Volunteering / WWOOFing

http://www.dolphindiscovery.com.au
Website des Dolphin Discovery Centre in Bunbury, WA,
mit direkter Bewerbungsmöglichkeit als Volunteer.

www.wwoof.com.au
Offizielle Website der WWOOFER (Willing Workers On
Organic Farms) Australia. Hier kann man auch ein Buch
mit Homestay-Adressen bestellen.

www.wildlifewarriors.org.au
Umweltschutzprojekt des bekannten australischen Tierfilmers
Steve Irwin. Das Projekt bietet auch Möglichkeiten zur Mitarbeit
als Volunteer.

www.coastkeepers.org.au
Website der Coastkeepers, einer gemeinnützigen Organisation
in New South Wales, die auch Arbeitsmöglichkeiten für frei-
willige Helfer anbietet.

www.jobsearch.gov.au
Australiens größtes kostenloses Jobportal, betrieben von
der australischen Regierung. Mit der Suchfunktion gelangt
man zur Seite für die Volunteers.

www.volunteering.org.au
Die Involvement Volunteers Association Inc. (IVI) organisiert
ehrenamtliche gemeinnützige Arbeit in den unterschiedlichsten
Bereichen, beispielsweise Umweltschutz, Bildung und Kultur.
Zielgebiete sind neben Australien, Papua, Neu-Guinea und
Neuseeland auch die Fidji- und Samoa-Inseln.

www.npansw.org.au
Die National Parks Association of New South Wales (NSW) ist
eine unabhängige Umweltschutzorganisation in der Nähe von
Sydney.

Sprachschulen

Deutsche Anbieter:
www.lal.de
www.carpe.de
www.gls-sprachenzentrum.de

Anbieter in Neuseeland:
www.crown.ac.nz
www.dominion.school.nz
www.campbell.ac.nz
www.languages.ac.nz

Tipp: Wer spontan buchen und dabei durch den Wechselkurs-
vorteil noch Geld sparen möchte, kann sich auch erst bei
Ankunft in Australien direkt in einer Sprachschule vor Ort
anmelden.

Hotels

www.discoveryholidayparks.com.au
Discovery Holiday Parks bietet eine große Auswahl an Camping-
plätzen und Blockhäusern in ganz Australien an.

www.ibishotels.com
Internetpräsenz der Hotelkette IBIS.

www.voyages.com.au
Voyages & Resorts bieten Unterkunft für gehobene Ansprüche
an, u. a. auch im Ayers Rock Resort ganz in der Nähe des Ulurus.

www.fernmark.com.au
Sehr schönes, umweltgerechtes Bed and Breakfast,
zwischen Sydney und Melbourne gelegen.

www.mybunbury.com
Website des Accomodation & Tourism Directory in Bunbury
mit Informationen zum Busservice von und nach Perth.

www.bunburybackpackers.com.au
Website der Backpackerunterkunft »Wander Inn« in Bunbury,
in der Nähe des Dolphin Discovery Centre gelegen.

www.questapartments.com.au
QUEST bietet Mittelklassehotels im Raum »Australia and
Pacific« an; u. a. auch in Koombana Bay in der Nähe des
Dolphin Discovery Centre in Bunbury.

http://koombana-bay-holiday-resort.wa.big4.com.au
Campingplatz mit Hütten zum preiswerten Wohnen
direkt in der Koombana Bay.

Acknowledgement

Dear Elizabeth,
I came with a heavy burden and I left lightened. I came
isolated and I left integrated. I came feeling reserved and
cold and I discovered what warmth means. I came as
a stranger and I left as a friend. Many thanks for your
hospitality, your patience and your support. I really enjoyed
my stay with you. The conversations we had helped me
a lot. I felt at home.

Wishing you all the best
Frank

Haftungsauschluss

Das vorliegende Buch wurde sorgfältig erarbeitet. Dennoch übernehmen Autor und Verlag für die Richtigkeit von Angaben, praktischen Ratschlägen und Hinweisen sowie für eventuelle Druckfehler keine Haftung.

Kontakt zum Autor

Sie möchten Feedback zu diesem Buch geben? Schreiben Sie an den Autor unter frank.krause@notstopp.de